班主任心理辅导

宋美霞　马莉莉　王洪明　等 ◎ 著

华东师范大学出版社
·上海·

图书在版编目(CIP)数据

班主任心理辅导/宋美霞等著. —上海:华东师范大学出
版社,2021
ISBN 978-7-5760-2223-0

Ⅰ.①班… Ⅱ.①宋… Ⅲ.①中小学-班主任-教育心
理辅导-研究 Ⅳ.①G635.16②G479

中国版本图书馆 CIP 数据核字(2021)第 220052 号

上海学校心理健康教育名师工作室经费资助项目成果

班主任心理辅导

著　　者　宋美霞　马莉莉　王洪明等
策划编辑　彭呈军
责任编辑　孙　娟
特约审读　郑　月
责任校对　陈　易
装帧设计　卢晓红

出版发行　华东师范大学出版社
社　　址　上海市中山北路 3663 号　邮编 200062
网　　址　www.ecnupress.com.cn
电　　话　021-60821666　行政传真 021-62572105
客服电话　021-62865537　门市(邮购)电话 021-62869887
地　　址　上海市中山北路 3663 号华东师范大学校内先锋路口
网　　店　http://hdsdcbs.tmall.com

印刷者　浙江临安曙光印务有限公司
开　　本　787 毫米×1092 毫米　1/16
印　　张　15.5
字　　数　257 千字
版　　次　2022 年 2 月第 1 版
印　　次　2025 年 1 月第 5 次
书　　号　ISBN 978-7-5760-2223-0
定　　价　48.00 元

出 版 人　王　焰

(如发现本版图书有印订质量问题,请寄回本社客服中心调换或电话 021-62865537 联系)

目　录

第一章

概论

班级管理、班级教育、班级辅导三者构成现代中小学班级工作的重要内容。班主任心理辅导不仅是实现班级辅导的重要途径，更是班主任成为学生人生导师的必要前提。班主任心理辅导是指班主任对学生和班级开展的心理辅导，但有时也指班主任自身心理健康的维护，是所有中小学班主任的基本职责。本章主要对班主任心理辅导进行内涵与外延的界定，明确班主任心理辅导的工作定位、目标任务与基本内容，并对其理论价值、政策依据与实践需要作出分析。

第一节　内涵与定位

一、基本含义

班主任心理辅导是班主任以心理辅导理论与技术为指导，以解决学生成长中的问题为导向，对学生个体、群体和以班级为单位的集体所开展的心理辅导活动。

（一）班主任心理辅导是班级辅导的一部分

从中小学班级变革来看，班级正发生着从管理到辅导的变革。从约束与管教学生的行为而言，管理是处理、控制、监管，辅导是帮助、指导、引导，它们的理念与方式方法是不同的。管理对人的行为有更强的控制；辅导是教师帮助学生认识自己以及所处的环境，使之主动调整自己的行为。

班级意识与班级领导行为是说明班级的两个重要维度。有学者认为，"班级意识是班级中全体师生对于班级的看法与态度,对教师承担的任务与职责以及对班级环境与学生个人成长的认知;班级领导行为是班级中全体师生在班级生活中表现出来的态度与生活方式,它是在一定的班级生态环境下,不同的个人或群体在班级文化与个人价值观念的影响下在班级生活中表现出来的基本特征"。① 研究发现,班级意识由角色责任感、组织观、纪律意识、规则意识等班级"管理"意识以及班级特性观、班级社会观、人际互动观、班级性质观等班级"辅导"意识组成。班级领导行为包括为达成目标而作的努力和工作绩效,以及为维持团体而作的努力两个因素,前者主要实现班级的"管理"职能,后者主要实现班级的"辅导"职能。班级辅导就是辅导主体运用班级特性观、班级社会观、人际互动观、班级性质观等班级意识,对被辅导者采取一种支持、互动、教练、授权的行为,它包括思想领导、学业辅导、行为指导、心理疏导、生活引导、生涯向导。班级辅导的主体可以是班主任、班级学科教师、学生等,但班主任实施心理辅导是班级辅导的重要途径。

(二)班主任心理辅导不是个别心理咨询

班主任既要在班级工作中有心理健康教育意识,也要对学生个体进行人文关怀与心理疏导。班主任心理辅导要以心理辅导理论与技术为指导,通过建立关系、判断问题、认知调整、行为指导等步骤,帮助学生解决发展过程中的心理困扰与行为问题。班主任心理辅导不是个别心理咨询,不需要班主任必须具备心理咨询资质,但需要班主任懂得基本的心理辅导理论、技术与伦理。班主任心理辅导是一种非治疗性、非咨询性的心理援助途径,主要任务是与班主任日常的个别谈话、语言鼓励、情感劝慰、行为支持等相结合,以纠正学生的偏执观念与"错误"认知,缓解学生的紧张情绪与过重压力,调整学生的目标定位与不当行为,化解学生的问题困扰与心理郁结。

(三)班主任心理辅导不是团体心理咨询

在立德树人的背景下,班主任与其他学科教师的不同在于建班育人,因此班主任

---

① 王洪明. 从"管理"到"辅导":班级变革研究[D]. 上海:华东师范大学,2011.

心理辅导不仅要关注学生个体,也要关注学生群体与班集体,但是并不是说班主任要开展团体心理咨询。樊富珉认为:"团体心理咨询是通过团体内人际交互作用,促使个体在交往中通过观察、学习、体验,认识自我、探讨自我、接纳自我,调整改善与他人的关系,学习新的态度与行为方式,以发展良好适应的助人过程……团体心理咨询适用于有共同发展课题或有共同心理困扰的人。"[1]团体心理咨询的本质特征是通过建立团体,运用团体内人际交往的作用达成助人的目的,其团体成员一般是具有共同心理困扰的人,以 6—12 人为宜。班主任心理辅导是以班级为单位,并不对成员进行招募与筛选,一般人数也超过 12 人,因此它不是团体心理咨询。如果班主任针对学生群体中的共有问题在本班内进行成员招募,人数为 6—12 人,他自己作为团体带领者,那么此时班主任开展的就是团体心理咨询,需要具备心理咨询资质,不属于这里讨论的班主任心理辅导。

(四) 班主任心理辅导不是心理辅导活动课教学

心理辅导活动课是对班级开展的心理辅导活动,是由心理老师执教的一门课程。有学者认为:"心理辅导活动课以班级为单位,以全班学生为辅导对象,以发展性辅导为主要任务,关注和促进学生各个阶段的个性发展,其目标是培养学生内在积极心理品质和开发心理潜能,并最终实现积极人格的养成。"[2]心理辅导活动课与其他课有一些区别,如:教师不是直接讲授知识要点,而是通过活动、体验、感悟让学生获得自主成长;在教学中教师不是教导者,而是引导者等。班主任心理辅导虽然可以是对班级开展的心理辅导活动,但通常是在主题班会课或专题教育中进行的。班主任心理辅导要聚焦班级中的共性心理问题,以问题为中心来设计辅导主题;心理辅导活动课是发展性心理健康教育的重要载体,需要指向学生心理素养的全面提升和健康心理的维护。

---

① 樊富珉.我国团体心理咨询的发展:回顾与展望[J].清华大学学报(哲学社会科学版),2005(06):62—69.

② 尹晓军,徐儿.心理辅导活动课:学科性质、活动基点与教学成效[J].中小学心理健康教育,2012(19):4—6.

有学者认为："心理辅导活动课是实现心理健康教育发展性功能和预防性功能的主要手段,小组辅导是实现心理健康教育预防性功能和矫治性功能的主要手段,个别辅导是实现心理健康教育矫治性功能的主要手段,三种辅导方式相互补益,有机统一,使学校心理健康教育覆盖全体学生,为每一位学生提供适合的心理服务。"[①]其实,这只是从心理老师的视角来说的三种辅导方式。对班主任而言,同样需要对学生个体、群体和以班级为单位的集体开展心理辅导活动,但班主任心理辅导既不是心理辅导活动课,也不是小组辅导(团体心理咨询)或个别辅导(心理咨询)。

二、工作定位

班主任心理辅导是班主任工作三大任务之一。我们认为,班级教育、班级管理与班级辅导是班级工作的三大核心任务。班主任心理辅导作为班级辅导的一部分,既不同于班级管理,也不同于班级教育。教育在于使受教育者行为朝好的方向改变;辅导同样要求来访者在寻求专业服务中获益,但仅侧重于班级工作中的"服务"与"引导",而非"管理"与"训导"。当班级辅导中的思想领导、学业辅导、行为指导、心理疏导、生活引导、生涯向导作为独立的工作领域时,班主任心理辅导与它们只是一种交叉关系,不能取代这些领域的教育功能。例如,思想领导不只是班主任心理辅导时需要开展的,其他教师也需要对学生进行思想领导,以发挥全员育人的职责,但班主任心理辅导有不同的侧重点与要求。锡伦(Thelen)曾提出过班级社会(the classroom society)的基本思想与理论框架,建构了教育性班级观(propositions for Educative Classrooms),认为班级社会由"心理的(psyche-)、社会的(socio-)、任务(task)"[②]三层面组成。在我们看来,班级辅导实现心理的功能,班级教育实现社会的功能,班级管理实现任务的功能。

首先,班主任心理辅导不同于班主任对学生的批评教育,辅导者(教师)要帮助来

[①] 尹晓军,徐儿. 心理辅导活动课:学科性质、活动基点与教学成效[J]. 中小学心理健康教育,2012(19):4—6.

[②] Thelen H A. The classroom society:the construction of educational experience [M]. London:Croom Helm,1981:100.

访者(学生)认识自己与所处的环境,进而主动调整自己的行为。例如,如果学生不愿意来学校上课,班主任远不是通过批评教育就能奏效的,一般而言,学生不会仅仅因为老师的道德说理或对他进行批评就来学校上课,所以,班主任还需要了解学生家庭与在校的情况,通过家校联系、行为指导等途径促使学生主动调整自己的行为。

其次,班主任心理辅导不同于班主任对学生的行为管理。有学者指出,"学生行为指导"与"学生行为管理"的区别,即"对于学生的违规行为加以强制性约束,这是'管理';'把被指引的人的主动趋势,引导到某一连续的道路',这便是杜威所谓的'指导'。此外,如果学生的某种问题行为,虽带有违规倾向,但有可能因势利导,把它引向正面的、积极的方向,叫作'疏导'"。[①] 例如,对于那些不愿意来学校上课的学生,通过外部压力、校规校纪与班级制度的要求强制其来学校上课,效果往往不佳。如果他没有厌学、学校恐惧症等方面的心理问题,他也未必会愿意接受心理咨询,当然学校心理老师还是可以配合班主任做好学生心理工作的。其实,即便学生出于外部压力来到了学校,也未必是心甘情愿的,未必会主动学习,他还是可能"身在学校心在家"。因此,班主任不是一定要从"制度管人"的角度来要求学生,他还可以通过认知调整、行为塑造等途径引导学生主动调整自己的行为,以达成让学生来学校上课的目的,这就是班主任的个体心理疏导。

第二节　目标与内容

一、目标任务

对学生而言,班主任心理辅导的直接目标是引领学生健康成长。班主任的主要职责是建班育人,既要建设一个优秀的班集体,也要通过集体来教育学生个人。当然,学生个体互帮互助也很重要,作为班主任就更需要关注学生个体成长,特别是要关注"优

---

① 陈桂生."学生行为管理"引论[J].华东师范大学学报(教育科学版),2007(1):11.

秀生"和"后进生","抓两端促中间"。班主任对个别学生的心理疏导不是个体心理咨询,因为班主任不是心理医生,不处理学生的心理障碍;班主任也不是专职心理辅导教师,一般不对学生进行心理评估或心理测验;但班主任是心理健康教育的一级预防员和心理健康教育的骨干力量。

对自身而言,班主任心理辅导的目标追求是要努力成为学生的人生导师。要成为学生的人生导师,班主任首先就需要承担起心理辅导的职责。没有心理辅导就谈不上人生导师。"导"是一件方向引领性的事情,人生导师知道你未来要往哪里走,知道正确方向之所在,但他不强求你一定要往那儿去,他只是在前面带领而已,这就是辅导,不是管理与教育。如果班主任只把班级工作的关注点放在管理层面,就不太可能促进学生在品德、学业、行为、情感、生活、精神等方面的全面发展,就不太可能成为中小学生的人生导师。

二、内容体系

(一)思想领导。思想领导是指班主任要对学生的政治思想进行价值观引领,培育和践行社会主义核心价值观。受全球化进程加快的影响,中小学生价值观取向呈现多元化发展趋势,这就使得思想领导十分重要。之所以是"思想领导"而不是"思想管理",主要在于领导偏重于决策与用人,而管理侧重于执行决策,组织力量达成目标。领导是影响个体、群体或组织实现所期望目标的各种活动的过程,它是由领导者、被领导者和环境所构成的函数。班主任对学生的思想有一种影响力,但即便是班主任也不可能"管住"学生的思想。具体而言,班主任的思想领导就是要在多元文化背景下培育学生的核心价值观,要积极引导兼容并包的班级亚文化,主动疏引班级消极舆论,尊重极具个性特色的班级网络文化,科学处理学生个人价值观冲突,积极培育学生的核心价值观、责任担当与公民人格。教育部办公厅印发的《中小学心理辅导室建设指南》指出:"在学生出现价值偏差时,要突破'价值中立',帮助学生树立正确的世界观、人生观和价值观。"如果学生出现价值偏差,班主任需要运用心理辅导的理论、技术与伦理对学生进行思想领导。

(二)学业辅导。学业辅导是对学生学习动力、学习态度、学习习惯、学习方法、学习策略等方面的辅导,而不是作为学科教师的课外学习辅导。学习是学生的主要任务,在以班级授课制为基本教学组织形式的情况下如何开展学生个别化学习对班主任来说具有很大的挑战,这就需要班主任协调好各科教师的教学与学生的学业辅导。为了减轻学生过重的课业负担,班主任需要协调好各科教师布置的作业量;为了更有针对性地进行学业辅导,就需要合理协调各科任课教师的自习课和课余时间;为了协同各方面的力量,就需要班主任对有关学习的共性问题如学习习惯、学习态度、学习策略进行集体辅导。教师作为一个专业的学业辅导者,需要进行学习策略的辅导,让学生学会学习;学习习惯的辅导,让学生受益终身;学习动力的辅导,使学生愿意学习和主动学习。

(三)行为指导。行为指导是指班主任要对学生的学习行为、生活行为、学校集体行为、社会公共行为等日常行为表现进行指导。在班级教育中,并非学生的一切问题都可以通过管理来解决,有些问题虽然能管住,但"管"并不是最终目的或最好的方式,如有些行为问题虽然控制住了,但并不表示该行为问题已经解决。学生行为既可以通过管理方式来解决,以形成一些好的行为规范;也可以通过指导的途径来培养,以养成一些好的行为习惯。学生的上课、作业、卫生、用餐、作息等行为习惯,甚至如何使用学习用品、读写姿势、考试规范、洗手喝水、搭乘交通、对待隐私等具体行为都是需要成人指导的。对于沉溺于游戏之中的行为,对于屡"偷"不止的行为,对于爱攻击别人的行为,对于沉迷于"恋情"的行为,远不是仅通过管理就能控制住的,这些行为是需要指导的,即教师不仅要告诉学生这些行为不能做,还要指导学生可以如何做。

(四)生活引导。生活引导是指班主任要对学生的校内外日常生活方式加以合理引导使之养成健康的生活态度和积极向上的阳光心态。作为生活引导者,班主任不仅应该像"严父"与"慈母"那样关心学生生活,还要全面地引导学生在学校中幸福生活与健康成长,要立足于生活准则的引导与社会适应性的培养。作为生活引导者,既要为学生创设良好的班级生活环境,也要引导学生在日常生活中学会人际交往,学会管理时间,学会一些终身受益的生活技能。对于住校生还要指导他们的宿舍生活,使学生学会过集体生活。

(五)心理疏导。心理疏导是指班主任要对学生的心灵成长提供心理支持,对学生的心理困扰进行非治疗性疏导。作为学生的心理疏导者,班主任要体现人文关怀的要求,主要是要读懂学生,了解学生的心理困惑,能够正确区分道德问题与心理问题;要组织班级心理健康教育活动;运用心理辅导技巧,改进班级工作和个别学生教育工作;帮助学生解决成长中的心理困惑。班主任如果发现学生有自己不能解决的心理问题,要及时转介给学校心理辅导教师或医疗机构。

（六）生涯向导。生涯向导是指班主任要对学生的学涯和生涯给予方向引导和智慧分享,为学生提供一些规划建议。作为学生的生涯向导,就是要帮助学生进行正确的自我认识、社会理解、生涯规划,培养学生的幸福能力与生活品质。生涯向导主要内容有指导学生了解自己,包括知识基础、兴趣爱好、能力特长和个性特征,客观地评价自己,悦纳自己;指导学生具有社会意识、社会理解和社会责任感,认识自我与社会、学习与发展、现在与未来的关系;指导学生在自我认识和社会理解的基础上,学会学习与职业规划的方法,确立与自己兴趣、能力相匹配的职业倾向。

第三节　意义与价值

一、理论价值

班主任是中小学校教育教学的重要岗位,从事班主任工作是中小学教师的重要职责之一。在智能化时代以及班级变革的大背景下,班主任专业化水平还有待提升。班主任专业化水平不仅表现在建班上,更彰显在育人中。教育部出台的《中小学班主任工作规定》明确指出"班主任要努力成为中小学生的人生导师",心理辅导是导师的重要工作,更是班主任专业化的重要内容。没有"导",何谈人生导师,从这个意义上说,心理辅导是班主任成为学生人生导师的理论前提。基于班级正发生着从管理到辅导的变革,"管理"已经不可能成为唯一的工作手段和价值追求,必将寻求一种新的突破:辅导的创生。从育人的视角看,辅导比管理更能实现育人价值。然而,目前班主任心理辅导理论并不成熟,例如班主任心理辅导的目标定位是怎样的,班主任与心理老师在心理健康教育方面的工作职能有什么区别,班主任从事心理辅导必须具备哪些方法和技术,是否需要与心理咨询师一样的专业伦理,班主任需要掌握哪些基本的理论知识、专业技能、人格素养才能有效开展心理辅导等都还需要进行系统研究。

二、政策依据

教育部颁布的《中小学心理健康教育指导纲要(2012 年修订)》明确学校要将心理健康教育始终贯穿于教育教学全过程,要将心理健康教育与班主任工作、班团队活动等有机结合,要密切联系家长共同实施心理健康教育,这些都需要班主任心理辅导。

以上海市为例,《上海市教育委员会关于"十三五"期间加强中小学心理健康教育教师队伍建设的实施意见》明确"要建立一支以专职心理健康教育教师为核心、兼职心理健康教育教师和班主任为骨干、全体教师为基本力量的心理健康教育工作队伍"。可见,班主任是中小学心理健康教育的骨干队伍。《上海市教育委员会关于加强上海学校心理健康教育的意见》提出:"编织学校'群育联护'导航网,探索建立全体教师任职学生导师制度,辅导学生学业、关注情绪发展、关心身心健康,及时发现问题、及时疏导、及时上报,同时规范导师职责、内容、频次、方式、合作联动机制等,形成闭环。"从上海市的情况来看,班主任与兼职心理健康教育教师同样都是心理健康教育的骨干力量,正在开展的全员导师制探索,更是为班主任心理辅导提供了知识储备和人员保障。

三、实践需要

班主任心理辅导有其独特的定位与价值,它既不是指班主任的管理工作和全部教育工作,也不是要求班主任做个体心理咨询、团体心理咨询和心理辅导课教学工作,但班主任是学校心理健康教育的骨干力量。班主任要有心理健康教育意识,尊重学生,平等对待学生;要培育他们的积极心理品质,开发他们的心理潜能;要预防和解决学生成长过程中的心理与行为问题,班主任是危机预防与干预的一级预防员。当前,学校心理健康教育师资不足,在教师队伍中班主任远比心理健康教育教师多,班主任开展心理辅导既是全员育人的需要,也是心理健康教育的必要补充。从另一个视角看,班主任比心理健康教育教师更全面地了解学生,更清楚学生的家庭情况和成长经历,与学生接触时间更多,对学生影响也最深远。

总之,没有班主任心理辅导,就别提对学生进行思想领导、学业辅导、行为指导、心理疏导、生活引导、生涯向导,没有这些"导"就谈不上人生导师。为落实立德树人的根本任务,在全员全程全方位地实施中小学德育工作,大力提倡并普遍实施全员导师制的今天,班主任心理辅导更加具有独特的价值。

第二章

理论基础

作为学校德育工作的重要力量,班主任是学生思想的引导者,是学生学习的指导者,也是学生生活的帮助者,更是学生心灵的聆听者。要成为一名合格的班主任,要成为学生心理健康成长过程中的"重要他人",仅凭一腔热情是远远不够的,需要扎实的理论基础,需要了解学生的所思所想和掌握陪伴学生的技能,只有这样,班主任的成长之路才能走得更长远。

作为学校心理健康教育队伍中的重要成员,班主任需要了解和认识学生的心理状态,同时根据实际情况进行有效的陪伴和引导。可是在实际工作中,班主任却常常因为角色的多重性和工作的繁杂性,忙于班级的实际管理工作和教育教学实践工作,忽略了对基本理论的研究和对实践工作的分析与反思,以至于在后续的工作中不能适当地分析学生在各阶段的心理发展特点,不能有效地对学生进行心理辅导,自身也会疲于奔命、工作不得要领,容易在班级工作中产生受挫心理。

本章将从理论基础角度呈现与班主任工作息息相关的心理辅导经典理论,帮助班主任真正地了解和认识班级学生的心理需求和发展特点,更为有效地指导班主任帮助学生发展积极人格,营造积极心理环境,给予他们全面、平衡的心理支持力量。

第一节　积极心理学

广义上,健康不仅包括身体健康,还包括心理健康和道德健康。在学校,我们越来越关注学生学习状态之外的心理健康状况、社会适应情况和道德水平。在这其中,班主任是关注和引导学生健康成长的关键人物。

传统的班主任工作更关注有异常行为和心理状态不良的"问题学生"。现在班主任工作更加致力于关注全班学生的心理需求,帮助他们挖掘积极的心理潜能,帮助他们发展积极的人格和乐观的精神,营造积极的成长环境。要实现这些目标,就需要相关的理论支持——积极心理学。

一、基本含义

积极心理学(positive psychology)致力于研究人的发展潜力和美德等积极品质。[①] 它利用了心理学目前已比较完善和有效的实验方法与测量手段。[②] 积极心理学所研究的对象是普通人,多关注人的潜能、动机和能力。而传统心理学主要研究的是有心理问题的人,关注治疗人的心理疾病,尤其是抑郁、焦虑、狂躁和病态等消极方面,很少直面和关注健康、勇气与爱。

积极心理学以一种新的姿态诠释心理学,倡导关注积极的心理品质,强调人的价值、意义与人文关怀。积极心理学从积极的角度解读普通人的诸多心理现象,激发人内在的积极力量和品格力量,使人逐步形成健康积极的生活状态。

在工作中,班主任大部分时候面对的是普通学生,因此了解和学习积极心理学有利于他们以更为开放、包容、欣赏的眼光观察学生、了解学生、帮助学生。

二、历史沿革

积极心理学诞生于20世纪末的美国,它以塞利格曼和海伊·米哈伊的《积极心理学导论》为标志,致力于关注人的发展潜力和美德,致力于使人的生活更加丰富并具有意义。

有学者认为:"对于积极心理学的研究最早可追溯至20世纪30年代特曼(Terman)关于天才和婚姻幸福感的研究,以及荣格的关于生活意义的研究。"[③]后来,由于第二次世界大战,相关研究中断,转向治疗战争创伤和治疗精神疾患,研究方向趋

---

① 任俊. 积极心理学思想的理论研究[D]. 南京:南京师范大学,2006.
② 李金珍,王文忠,施建农. 积极心理学:一种新的研究方向[J]. 心理科学进展,2003,11(3):321—327.
③ 崔丽娟,张高产. 积极心理学研究综述——心理学研究的一个新思潮[J]. 心理科学,2005(02):402—405.

于消极。幸好,20 多年后,以马斯洛和罗杰斯为代表的人本主义心理学家再次开启了对人性积极一面的研究,引起了心理学界对人类积极品质的关注。到 20 世纪末,随着心理学家们对心理问题和疾病预防的关注,人类品格力量(如勇气、乐观、忠诚、希望等)对于缓冲心理疾患的作用被发现。至此,心理学家开始探索人格的积极力量和美德,帮助更广泛的人发展自己。

经过前述的各类研究,原美国心理学会主席塞利格曼提出研究积极心理学可以帮助人们拥有更为快乐、更有意义和更为积极的生活状态。他在研究"习得性无助"的过程中发现人在习得无助的同时,还可以习得乐观的品质,乐观有助于避免抑郁和提高健康水平。因此,塞利格曼提出心理学应有三个使命:①研究消极心理,治疗精神疾患;②让所有人生活得更加充实有意义;③鉴别和培养天才。① 而后,他和米哈伊合作发表的《积极心理学导论》正式标志了积极心理学进入研究领域。至此,积极心理学思想、理念、技术与行动,在心理学界引起巨大反响,它的价值在于统一了早期分散在心理学各个领域中关于积极心理的研究,以一个新的高度促进该领域的研究,宣告积极心理学时代的到来。

2002 年,辛德和洛佩兹主编的《积极心理学手册》正式宣告了积极心理学的独立,并陆续成立了三个研究中心:积极情绪研究中心、积极人格研究中心和积极社会制度研究中心。目前,积极心理学的发展已经渗透至社会学、教育学、经济学、管理学等多个领域,比如心理学家加德纳"多元智力"和斯滕伯格"成功智力"等相关理论的提出都对积极心理学加以肯定。

三、主要领域

积极心理学关注人的优势和潜能,重点放在对正常人心理品质的研究,重视人类品质的积极方面。具体来说,积极心理学的研究领域主要包括以下三个方面。

1. 积极情绪

积极情绪是积极心理学关注的重点,它能够帮助个体建立长远的、有利于个人未

---

① 李金珍,王文忠,施建农. 积极心理学:一种新的研究方向[J]. 心理科学进展,2003,11(3):321—327.

来发展的资源。① 各种积极情绪之间紧密联系、高度相关,一种积极情绪的出现可以引发更多其他的积极情绪体验。这一特点推翻了传统心理学认为"只有消极情绪才能促进个体的认知"这一观点。

积极情绪体验有很多,对于班主任来说,陪伴学生的初始阶段可以重点关注学生积极情绪中的"兴趣"和"主观幸福感":兴趣可以提供充足的学习动力,充分调动已有的知识和经验;主观幸福感则能够帮助人对自己的过去感到满意,进而对当下感到快乐,然后对未来充满希望。主观幸福感这种积极情绪体验还能够迁移到对各种事物的认知上。对于学生来说,如果这两种积极情绪体验能够被给予充分的发展空间,那么对于其成长过程将有积极的深远影响。

2. 积极人格

积极情绪体验能够帮助积极人格的逐步形成,积极人格的形成有助于人格的全面形成和完善。对于积极人格特质的研究,要追溯到塞利格曼著名的"习得性无助"的研究。塞利格曼认为,是否具有积极人格的标志在于对成功和失败的解释:具备积极人格特质的人倾向于认为成功源于自身的努力,失败则是外部原因导致,且是暂时的。他认为,要形成积极人格,关键在于人对于外部事件的认知,认知可以改变,改变趋于乐观则有利于积极人格的形成。

对于班主任来说,学生人格的培养是其工作任务之一。能够认识到学生的认知可改变、且可选择积极乐观的方向,是成为合格班主任的必备要素之一。班主任需要特别关注学生人格中自我悦纳和人际关系两个方面的发展,帮助学生基于自我接纳确定个人发展目标,并在人际交往中与他人彼此支持。当然,班主任也可以结合本节中的表 2-1 从更多积极人格特质切入陪伴学生成长。

3. 积极组织系统

积极组织系统是人获得积极情绪体验进而形成积极人格的重要环境。广义上,它可以分为三个层面,即国家制度方针政策、个体生活交际圈、家庭关系。

班主任是学生生活交际圈的成员之一,同时还帮助学生构建着班级生活环境。对于学生而言,积极的班级人际环境更容易使其产生积极情绪,帮助其形成积极的心理

---

① 马甜语. 积极心理学及其应用的理论研究[D]. 长春:吉林大学,2009.

机制,形成积极人格。由此可见,建设一个温馨、和谐的班集体,对于维护学生的身心健康是非常重要的。

四、积极心理品质

根据塞利格曼项目组对人类重要的优势品质的筛选和处理,积极心理品质包括六大美德(智慧和知识、勇气、人性、正义、节制、超越)和二十四种积极品质(包括创造性、毅力、正直、活力、感恩、希望等),主要内容详见下表。

表2-1　积极人格特质(Peterson & Seligman 2004)[1]

美德	积极心理品质
智慧和知识(获得和使用知识的认知优点)	创造性(有新的想法和观点) 好奇心(对外部世界感兴趣,喜欢探索) 心胸开阔、思想开明(公平地看待所有证据) 对学习的热爱(系统化地增长自己的知识) 愿景、远见(理解世界,明智的忠告)
勇气(情感性优点,践行意志以达成目标)	勇敢(面对威胁和困难的时候不退缩) 毅力(善始善终,坚持不懈) 正直(真实地展现自我) 活力(感到兴奋和充满活力)
人性(人际性优点,培养关系)	爱(珍视亲密关系) 善良(帮助和照顾他人) 社会智力(理解社会世界)
正义(奠定健康社会生活的公民美德)	公民行为(社会责任、忠诚、团队合作) 公平(平等地对待每一个人) 领导力(组织团体活动)
节制(防止过度的性格优点)	原谅和宽恕(原谅他人) 谦卑/谦虚(不过度地抬高自己) 谨慎(小心地进行各种选择) 自我管理(管理自己的情感和行动)
超越(赋予意义,与世界产生连接的优点)	对美和卓越的欣赏(善于发现生活中的美) 感恩(对生活中的美好事物心存感激) 希望(期望并向着美好的未来而努力) 幽默(看到生活的光明的一面) 精神性(对目标和意义的信念)

---

[1] 陈志方. 大学生积极心理品质结构研究[D]. 漳州:闽南师范大学,2013:11.

第二节　儿童道德发展

　　班主任是学校德育工作队伍中的重要成员,是学生道德发展的启蒙者和引导者。在学校道德教育中,班主任如果能够基于对儿童道德发展相关理论的了解进行工作,提升自身对儿童道德教育的主动性、针对性和有效性,那么在引导和帮助学生的过程中,他们就更有方向、有抓手。

一、皮亚杰的道德发展理论

　　二十世纪三十年代,儿童心理学家皮亚杰出版的《儿童的道德判断》对道德教育实践有重要的指导意义。其中,他主要使用"对偶故事"进行试验,其基本内容包括:①儿童道德判断发展阶段;②儿童对行为责任的道德判断;③儿童心目中的公正与惩罚。

（一）儿童道德判断发展阶段

　　皮亚杰将儿童的规则意识作为研究儿童道德观念的出发点,他认为其道德判断发展可以分为以下阶段。

　　第一阶段:前道德阶段(0—3岁)。此阶段儿童其行为主要与其满足生理本能有关,他们不顾规则,行动易冲动,感情泛化,尚未有道德观念的发展。

　　第二阶段:他律道德阶段(4—7岁)。此阶段儿童的道德判断主要根据客观的效果作出,尚未考虑主观动机,以他律的绝对规则或者对权威的绝对服从和崇拜为主要特征。

　　第三阶段:自律道德阶段(8—12岁)。此阶段又称为可逆性阶段,此时儿童的思维有守恒和可逆性的特点,他们在道德判断中表现独立,不再绝对服从成人的命令或将规则看作是不可改变的。

第四阶段：公正阶段(12岁之后)。此阶段儿童在可逆性自律阶段基础上发展了公正观念,儿童的道德观念逐步从形式上的公正向真正的公正发展,并能将规则与整个社会和人类的利益联系起来。[①]

（二）儿童对行为责任的道德判断

皮亚杰在研究儿童道德发展的过程中,主要关注其对行为责任的判断。他发现儿童在7岁以前对于行为是否存在过失是以结果作为判断标准的,在7岁以后他们能够从他人意图来考虑问题。其中,儿童对于说谎的正确观念形成一般要到10至12岁左右。

通过对过失行为的责任判断和撒谎观念发展的研究,皮亚杰认为儿童存在两种明显的判断形式：年幼儿童常根据行为结果进行道德判断,年长儿童则考虑行为的动机作出判断。这两种判断形势的发展并不同步,有时还部分重叠。皮亚杰将这一发展情况称为儿童道德法则的内化阶段。

（三）儿童心目中的公正与惩罚

皮亚杰在研究儿童道德发展的内容时,主要关注其公正观念的形成发展和对惩罚认识的变化。

1. 公正

通过研究,他认为,儿童是基于规则的掌握逐步形成公正观念的,能用公不公道进行判断,寻求有差别的平等。这其中经历了三个阶段。

第一阶段：2—7岁,这阶段儿童对公正的判断基于对成人权威的服从。

第二阶段：8—11岁,这阶段儿童逐步形成自律意识,相较于权威更关注平等。

第三阶段：12岁及以上,这阶段儿童能够具体情况具体分析,考虑人与人之间的平等。

---

① 李江,李微.皮亚杰儿童道德发展理论述评及启示[J].赣南师范学院学报,1994(03)：79—84.

2. 惩罚

研究中,皮亚杰关注儿童心中什么样的惩罚是公正的,儿童认为什么样的惩罚最有效。他发现:年幼儿童简单地认为谁犯错谁接受惩罚,惩罚越严厉越公正;年长儿童则开始认识到犯错的内容、性质与惩罚密切相关,是否惩罚和惩罚的程度受到诸多因素的影响,需要更谨慎考虑以免影响公正性。

通过对儿童心目中惩罚的研究,皮亚杰认为:儿童在道德发展的他律阶段因服从成人权威,容易分不清是非,产生抵罪性惩罚;在自律阶段,他们开始相互尊重、相互合作,产生回报性惩罚,有利于公正观念的形成。

二、科尔伯格的道德发展理论

心理学家科尔伯格对皮亚杰的儿童道德发展理论进一步丰富和发展,他使用"两难故事"对儿童道德认知发展和道德教育提出了三水平六阶段理论[1],包括前习俗水平、习俗水平和后习俗水平。这里的"习俗"是指遵守和坚持社会权威的规则及期望。[2] 每个水平发展过程中包含两个阶段,具体如下。

(一)前习俗水平(0—9岁)

处于前习俗水平的儿童在道德推理时常带有自我中心倾向,并没有真正理解社会规则和期望。这个阶段的儿童服从规则只是为了得到奖赏或避免惩罚,规则和社会期望对儿童而言是自我之外的东西。

阶段1:以惩罚和服从为定向。儿童的道德判断是基于逃避惩罚,这个阶段的他们缺乏是非善恶的观念,屈从外力是为了获得奖赏。

阶段2:以工具性的相对主义为定向。儿童的道德判断是为了满足自我需要或利益,以自我为中心,他们判断行为是否正确的标准基于自我需要。

① 蒋福明. 科尔伯格道德教育理论和实践研究[D]. 长沙:湖南师范大学,2006.
② 孙明秀. 科尔伯格道德教育理论及对我国中学生诚信教育的启示[D]. 哈尔滨:哈尔滨工业大学,2007.

（二）习俗水平(10—15岁)

处于习俗水平的儿童,开始认同并内化社会规则及他人的期望,意识到决定行为是否正确的标准是基于全体准则的。

阶段3:好孩子的道德取向阶段。儿童的道德推理判断受群体共同期望和一致意见影响,考虑社会对于"好孩子"的设定,认为美德和善行来自助人或取悦他人。[①]

阶段4:维护权威或秩序的道德取向阶段。儿童以服从权威为导向,认为法律是公正的,在进行道德判断时基于行为是否违反法律和社会秩序。

（三）后习俗水平(16岁之后)

处于后习俗水平时,人基于良心及个人价值观进行是非善恶的判断,未必完全受传统习俗或社会规范的制约,只有少数人可以达到这个水平。

阶段5:社会契约道德的取向阶段。人能够认识到法律和习俗的道德规范只是社会契约,是共同商定且能够改变的。他们认为社会契约和个人利益可以进行整合。

阶段6:普遍原则的道德取向阶段。人以价值观念为导向,行为自律,能够依据公正和平等等原则进行思考,以普遍标准判断所见行为。

科尔伯格认为儿童的道德判断普遍存在与行为不一致的情况,随着儿童的道德判断能力发展水平的提高,其道德判断与行为的一致程度也越高。[②] 科尔伯格认为儿童道德发展的关键在于其道德判断能力在内容和形式上的发展。在他看来,对于一般道德问题有三种可能出现的回答,即肯定、否定和犹豫不决,仅根据儿童道德判断的内容并不能把儿童的道德水平区分开来,体现其道德判断水平的是儿童的道德判断形式。

科尔伯格认为,儿童的道德发展具有以下特点:

第一,道德发展的多因素性。儿童的道德发展受到社会环境发展的制约,并受与

---

① 孙明秀.科尔伯格道德教育理论及对我国中学生诚信教育的启示[D].哈尔滨:哈尔滨工业大学,2007.
② 廖全明.当代西方道德发展理论研究综述[J].涪陵师范学院学报,2003(06):95—98.

现实文化相互作用的影响。儿童道德发展的水平与所参与的社会文化活动程度和被社会认同的质量密切相关。

第二,道德发展的不可逆性。儿童的道德发展是向上、按顺序的过程,不可逆转。要注意的是,不同儿童之间存在着发展速度的差异,处于不同社会环境、文化背景下的和不同种族的儿童在道德发展上的速度有差异。

第三,道德发展的年龄相关性。大部分青少年的道德判断水平处于习俗水平,小部分青少年可能在一段时间里仍停留于前习俗水平,发展速度缓慢。后习俗水平一般要在成年后才能达到,并且不是人人都能够达到的。

第四,道德发展的阶段整合性。儿童道德发展的各个阶段并不是割裂的,而是相互重叠并能够整合在一起的。在儿童的道德发展进入较高阶段时会重新整合各个阶段,形成新的综合性更强和更为成熟的心理组织系统。

三、埃里克森的人格发展阶段理论

著名的精神分析学家埃里克森在研究人的道德发展方面作出了突出贡献。虽然埃里克森的理论名为人格发展,但在其代表作《儿童期与社会》中,他以儿童道德情感发展过程为主线进一步提出了人格发展阶段理论。之所以会有这样的思考是因为,在埃里克森看来,人的道德是其人格的一部分,道德发展的过程亦是人格发展的过程。因此,班主任了解埃里克森人格发展阶段理论有助于其了解青少年学生阶段性的发展特点。埃里克森把人格发展分为以下阶段:

埃里克森人格发展的八个阶段

婴儿期	0—1.5 岁	基本信任和不信任的心理冲突
儿童期	1.5—3 岁	自主与害羞(或怀疑)的冲突
学龄初期	3—6 岁	主动对内疚的冲突
学龄期	6—12 岁	勤奋对自卑的冲突
青春期	12—18 岁	自我同一性和角色混乱的冲突
成年早期	18—40 岁	亲密对孤独的冲突

成年期	40—65 岁	生育对自我专注的冲突
成熟期	65 岁以上	自我调整与绝望期的冲突

基于埃里克森的人格发展理论，班主任可以根据不同阶段的冲突引导青少年学生完成阶段性任务，帮助其发展健全的人格。在这其中，班主任可以重点从学生学龄期和青春期阶段入手。

1. 对于学龄期，可多给学生以表扬和鼓励。学龄期儿童刚进入学校，他们开始接受周围人及社会对他们的期望和赋予的任务，是否能够完成任务与儿童是否勤奋学习和能否接受挫折密切相关，而因此产生的勤奋感和自卑感的冲突就成为了他们所面临的挑战。对于学龄期儿童来说，如果能够在学校获得好成绩，他们就会更愿意勤奋；反之，如果屡遭失败，就容易产生自卑感，甚至不愿意再勤奋。班主任需要察觉这样的情况，懂得发觉和承认学生的努力和勤奋，帮助他们度过挫折带来的自卑阶段，多鼓励多赞美，引导他们更喜爱学校，更喜爱在学校中获得快乐和成功的自己。

2. 对于青春期，可多鼓励学生自省并参加实践活动。之所以有这样的建议，是因为处于青春期的孩子正处于自我同一性和角色混乱的冲突中，他们会不断地发出疑问，也就是我们常说的经典哲学三问——"我是谁？我从哪儿来？我要到哪儿去？"在这样的冲突中，他们慢慢建立完整清晰的自我认识，发展出良好的适应力，拥有正确的价值判断，并对自己的未来作出规划。要帮助青少年学生实现自我同一性，班主任可以多鼓励他们从思想、情感和行为等多个方面认识丰富的自我，同时区分现实我和理想我；可以多鼓励其参加社会实践活动，在与更广泛的社会环境接触的过程中探索适合自己的生活学习方式，摒弃不适合自己的，在不断的修正和调整中，逐步实现现实我和理想我的统一。

第三节　学校心理支持

"心理支持是一种重要的正向力量，是一种以语言暗示、认知疏导、情感劝慰、行为指导、精神鼓励乃至具体保证等为支撑手段，调动个体外部和内部的正向力量，以增强个体的心理防御能力，从而恢复对环境的适应与心理平衡。"①可以说，心理支持是一种重要的心理力量，它集认知、情感、行为于一体；心理支持是一种重要的支撑力量，通过心理能量的流动、转化来维持心理平衡，保持心理健康。归纳起来，有社会支持理论、支持性心理治疗、心理支持技术等三种不同的心理支持。

　　班级、班主任、同学等都是维护学生心理健康的重要支持力量。心理支持既可能来自个体所处的外部环境，它也可以是个体内部长期形成的一种积极力量。学校心理支持可以从学生个体、班级团体、学校组织、家校社合作等多方面获得。就班级而言，温馨的班集体、和谐的班级氛围、民主的班级管理、亲和的班主任和互帮互助的同学等都是重要的心理支持力量。

一、社会支持理论

　　社会支持是"个体从环境及他人那里所获得的物质或精神帮助以及对这些帮助的感知、体验和利用程度"②。不同学者对社会支持有不同的理解，但一般都认为社会支持既包括客观支持，也包括主观支持。客观支持是客观的实际支持，主观支持是主观体验到的支持如精神支持。肖水源提出，社会支持除客观支持和主观支持外，还应包括个体对支持的利用情况，这给我们以启发。

　　社会支持对心理健康的作用机制有三种理论假设，即主效应模型（main effect model）、缓冲作用模型（buffering model）和动态模型（dynamic model）。主效应模型认为社会支持对个体的身心健康有着直接促进作用，不管压力有无以及程度如何。缓冲作用模型认为，社会支持仅在压力条件下与身心健康有关系，它可以缓冲压力事件对个体身心状况的消极影响，从而维护个体的身心健康。社会支持的缓冲作用在于：（1）社会支持可能作用于压力事件与主观评价的中间环节上，如果个体受到一定的社会支持，那么他将低估压力情境的伤害性，通过提高感知到的自我防御能力，减少对压

---

① 杨珊. 学校心理支持[M]. 上海：华东师范大学出版社，2020.
② 杨珊. 上海市示范性高中生社会支持及其干预研究[D]. 上海：上海师范大学，2008.

力事件的严重性评价。(2)社会支持能够在压力的主观体验与疾病的获得之间,起到缓冲作用。动态模型认为应将社会支持和压力同时作为自变量,压力与社会支持的关系是相互影响和相互作用的,它们通过直接或间接作用对心理健康发生影响,这种关系会随着时间的改变而发生变化。①

至于社会支持是如何对心理健康发生作用的,有两种模型可给予我们启发:"特罗比斯(Stroebes)提出的缺失模型认为缺失的本质影响着所需支持的类型,如财产的缺失需要实物支持;重要关系的缺失需要依恋感的建立和社会关系的相互作用;成就感的缺失需要他人给予价值和能力的重新评价。匹配模型认为只有当社会支持类型与压力事件相匹配时才发生效用,如工具性支持能有效降低由物质资料缺乏而造成的应激状态,情感支持则促使自卑的个体重新自我评价,从而更快更好地解除压力状态。"②

作为班主任,不仅要考虑学校能给予的客观支持,也要让学生体验到学校所提供的心理支持,更要教会学生用好学校心理支持。班主任要积极组织班级活动,关心学生参加班级活动的情况;当学生遇到烦恼时提供倾诉方式等,给学生以心理支持。班主任要特别关注学生与谁一起居住,有多少关系密切、可以提供支持和帮助的朋友,与同学的交往,与邻居的关系,遇到急难情况时曾经得到帮助的来源如家人、同学、班级、朋友、社团等,这些都是学生重要的社会支持力量。

二、支持性心理治疗

有学者认为:"支持性心理治疗就是通过解释、鼓励、协助、指导等方式,突破危机,稳定情绪,从而为后继的心理治疗营造良好的心理起点。"③也有学者认为,"支持性心理治疗是基于心理动力学理论,利用诸如建议、劝告和鼓励等方式来对心理严重受损的患者进行治疗"④。可见,支持性心理治疗有两方面的含义:只是作为心理治疗前的

---

① 杨珊.学校心理支持[M].上海:华东师范大学出版社,2020.
② 刘国珍.试论社会支持对压力评估与应付方式的作用[D].南昌:江西师范大学,2001.
③ 李先锋.相信这一天会为你来临——大学生第三状态的系列心理咨询方案[J].心理世界,1998(06).
④ 周艳.中小学生手指自伤行为的现状与干预研究[D].宁波:宁波大学,2014.

起点,不作为一种专门的治疗方法;是一种辅助方法,较少作为独立的治疗方法。

一般认为,支持性心理治疗能提升来访者的自尊,降低焦虑,改善抑郁,提高人际适应能力与幸福感。它的重要价值在于,对那些不适合表达性心理治疗如具有极大攻击性的来访者,具有很好的互补性。

有学者设计了一个每周 1 次,每次 50 分钟的对创伤后应激障碍(PTSD)患者进行支持性心理治疗的方案:"第 1 次,目标是建立关系,主要内容是收集患者资料,细听患者讲述创伤事件经过,了解患者情况,建立信任关系。第 2 次,目标是制定计划,主要内容是进一步巩固信任关系,与患者协商治疗目标及计划,向患者讲解支持性心理治疗原理。第 3—5 次,目标是支持与鼓励,主要内容是支持与鼓励患者,并告知患者家属理解患者并给予支持与鼓励,使其重拾信心和希望。第 5—7 次,目标是调整看法,主要内容是调整患者对创伤事件的看法,使其接受不可预知的事件。第 8—10 次,目标是善用资源,主要内容是教会患者善于利用周围一切资源,在条件允许的情况下可以改变环境生活。第 11—12 次,目标是适应环境,主要内容是鼓励患者适应现实环境。"①

班主任心理辅导不是一种独立的个体心理咨询,也不是团体心理咨询,它只是以解决学生成长中的问题为导向,对学生个体、群体和以班级为单位的集体所开展的心理辅导活动,因此用到的不是作为治疗方法的"支持性心理治疗"。班主任不是心理医生,不需要运用支持性心理治疗,但在班级工作中可以借鉴支持性心理治疗的理论与技术,做好学生的认知支持和情感支持,如:重建信任,建立良好的师生关系;支持鼓励,辅以适当的情感慰藉;语言疏导,帮助学生调整目标;寻求支持,用好身边的各种资源。

三、心理支持技术

心理支持技术是一种重要的心理咨询与治疗技术,完形心理疗法特别强调在咨询与治疗中要关注这一点。"完形心理疗法认为,支持是健康不可或缺的基础,它是自我支持与环境支持的整合。个体在与环境的互动中,有选择地用好自身内外部资源,获

---

① 陈芹. 支持性心理干预和综合干预方法对 PTSD 患者的疗效观察[J]. 中国健康心理学杂志,2019(07).

得自我支持与环境支持、维持自我与他人之间的平衡对人的健康是非常重要的。"①心理支持技术主要有自我支持、他人支持与环境支持。

从完形心理疗法来看,自我支持一是要关注此时此地的躯体状况,注意对自己躯体的觉察。二是要注重说话的个人意义,鼓励自我对话,语言支持是自我支持中的关键技术。三是运用想象支持,如想象一个支持你的人,当你遭遇困顿时他会对你说什么。积极心理治疗也特别重视自我支持:通过认识自己的力量所在,发挥自己的优势品格,产生积极的向上力量来达到心理支持的作用。

心理辅导的终极目标是助人自助,所以自我支持非常重要。除此之外,班主任还要为学生提供他人支持,帮助学生用好身边的支持力量。他人支持技术主要包括倾听、释意、鼓励、安慰、指导等。

倾听是心理支持技术的核心。倾听不是一般意义上的"听",它要让当事人愿意说并产生一种"被理解、被接纳"的感觉。倾听不仅是听到声音和文字,更重要的是了解其意义与情绪。在倾听过程中要注意听懂当事人想表述的核心信息是什么,他贯穿始终的主题是什么,主要观点有哪些,对他来说最重要的是什么,他想让我理解的东西是什么,只有听懂了这些,才能算得上是倾听。

释意是针对当事人所说的内容,用自己的语言把他的主要思想与语言加以整理后再反馈给当事人,也就是说只概括当事人所说内容,不加入任何个人想法、情绪与观点,再重新表达出来而已,例如可以用当事人说过的词,再造一个对他有心理帮助的句子,然后反馈给他。

心理学中的鼓励不是德育方法中的表扬,它是一种参与式倾听。它的作用是给予当事人以温暖,给他以心理支持,让他愿意进一步说出自己的想法,或者引导谈话的方向,促使某一个讨论主题能继续进行下去。语言是重要的鼓励方式,专注的态度、倾听的姿势以及点头的体态语言等都是鼓励的手段。

安慰也是一种心理支持技术,但它与日常生活中的安慰有所不同。当有人遭遇困境时,日常生活中的安慰可能是说"我理解你的感受""你要坚强起来",而当安慰作为一种心理支持技术时,要给对方以支持和力量,此时可以说"你可能会经历一段艰难的

---

① 杨珊.学校心理支持[M].上海:华东师范大学出版社,2020.

时光,但会慢慢好起来的",即不只是向对方提要求或空洞地说理解对方。当人处于困境时,需要解决问题并度过危机,此时安慰就是重要的心理支持。

心理咨询有非指导性和指导性之分,主张指导性咨询的学者认为指导本身就是重要的心理支持技术,它包括建议、暗示、引导、自我表露等,其目的是帮助当事人理清思路、深入思考并作出必要决定,通过直接或间接的方式帮助当事人改变。需要注意的是,指导只有在建立起了良好咨询关系后才可使用,态度要诚恳、关切。

完形心理疗法高度重视环境支持的重要性。环境支持主要是帮助当事人寻求"场"的支持,帮助他们厘清自己是如何利用现有的环境资源的,如自己的家庭、班级等资源。积极心理学认为人的行为和积极品质的形成都离不开环境,相关学者研究的重点就包括:"如何建立民主的社会制度体系、有效健全的家庭功能和自由探索的环境及积极和谐的社会团体,为个体积极特征的培养和发展提供良好的环境和资源……"①北京师范大学课题组曾提出"安全与秩序""接纳与支持""自主与合作""公平与正义"的学校积极心理环境的指标体系,这对于班主任心理辅导也有重要的参考价值。

---

① 曹新美,刘翔平. 从习得无助、习得乐观到积极心理学——Seligman对心理学发展的贡献[J]. 心理科学进展,2008(04):562—566.

第三章

实践伦理

伦理是指在处理人与人、人与社会相互关系时应遵循的道理和准则,它不仅包含着对人与人、人与社会和人与自然之间关系处理中的行为规范,也蕴含着依照一定原则来规范行为的深刻道理。班主任工作的对象是学生、家长以及其他科任老师,这项工作是否有成效,关键在于如何去处理这些错综复杂的关系,使得这个班级的班风、学风符合社会的认可与期待。本章将重点讨论班主任工作中的平等、保密与多重关系等辅导伦理,以及如何使之为班主任工作保驾护航。

第一节 平等中的首席

一、简要概述

平等中的首席是后现代教育发展中处理师生关系的一个全新理念,它强调师生之间的教育过程应该在平等的对话中进行,而教师就是这个平等对话关系中最好的组织者和促进者。

在心理咨询中,心理咨询师要注重咨询中的平等,来访者与咨询师有着同样的权利,有权接受或拒绝、有权反驳甚至批评,并有自己选择的自由。唯有在平等基础上的咨询,才会有咨询的效果。同样地,在学校教育中,教师需要在教学过程中构建民主平等的师生关系,班主任作为一个班级的"掌舵人",更是班级建设中的"平等中的首席"。班主任对于班级管理的运作状态,必将影响到班级教育功能的发挥和学生身心全面、健康、和谐的发展。班主任过分注重自己的权威,必将造成学生的过分依顺服。作为掌舵人,班主任在班级生活的各方面平等对话中要体现"首席"的主导、引领作用。

二、理论视角

班主任在教书育人的实践中,承担着知识的传授者、严格而民主的管理者、学生心理的调节者、学生的朋友和知心人、学生父母的代替者等多重角色。不管承担多少角色,班主任始终要恪守与学生在人格上是平等的理念,做到互相尊重。这种能体现角色差异与人格平等的新型师生关系,才能真正体现班主任的师爱精神。人格平等是新型师生关系的内在根据。尊重学生的人格,是处理师生关系的基本原则。

心理咨询的基本原则是"无条件尊重"来访者,强调咨访双方的地位平等。这种平等是指咨询师主观上的平等,承认在咨询过程中双方有同样的权利。咨询师于来访者绝不是高高在上的,而是要善于倾听来访者的心声,能进入来访者的内心深处,帮助其自我探索,剖析自己缺失什么,知道自己真正要什么,跟随自己的心灵找寻发展的方向。同时,咨询师要敢于承认自己的失误,懂得向来访者请教,允许来访者反驳、拒绝甚至批评,尊重来访者选择的自由。只有抱持这样的平等态度,才能让来访者愿意接受咨询师的帮助,着眼于自身实际情况,学会联系实际分析、面对、解决自己的困惑,从而完成自身人格的成长。这种方式充分体现了对来访者的尊重与信任,更容易被来访者接受,所起的效果更长久。

小威廉姆·E.多尔是后现代主义课程观的重要代表人物。他把教师定位为"平等中的首席"。教师与学生是作为一群个体在共同探索有关知识领域的过程中相互对话与合作,教师是内在情境的领导者,而不是外在的专制者。多尔认为:"作为平等中的首席,教师的作用没有被抛弃,而是得以重新构建,从外在于学生情境转化为与这一情境共存。权威也转入情境之中。"①显然,多尔并没有否定教师的领导地位和权威地位,而是维护了教师的权威,只不过这种权威是"内在于学生情境之中"的。因此,在平等的理念前提下,教师也不可能完全等同于学生,而是处于"首席"地位,即师生关系首先是平等的,但在平等中师生的职责和作用是不同的,教师肩负着育人的职责,起着组织、引导、帮助和促进学生学习的作用。教师从传统权力的中心走出来,并不意味着教

---

① [美]小威廉姆·E.多尔.后现代课程观[M].王红宇,译.北京:教育科学出版社,2005:238.

师权威的消失,只是这种权威不是来自教育制度赋予的教导地位,而是靠在教育活动中、在与学生平等的交往与对话中,显示出的高度的知识素养和丰厚的专业学养来体现和实现的。[①] 教师在每一个日常教学活动中扮演好"平等中的首席"角色,是师生双方理解沟通的前提,是教师能真正体会学生情感、态度和发展意向的需要,是促进学生作为发展中主体的独特个性及其自由、创造和选择的需要,是学生身心和谐发展的关键。

三、辅导建议

案例一

又是倒垃圾时间,值日生小明拿着班级里的垃圾桶走在楼梯上,与一位同学撞了一下,垃圾桶从手里掉了下来,垃圾散落一地……旁边的同学捂住鼻子和嘴绕开走……A说:"拿着垃圾桶,怎么不小心一点……"B说:"垃圾桶都拿不好,干什么吃的呀……"C说:"脏死了,脏死了……"

此时,班主任小李看到楼梯口聚集了一群人,大声吼道:"干什么,快回教室。"一群人随即快速离开,只剩下小明尴尬地站着。"还站着干吗?难道让我来收拾?快点处理好,进教室上课了。"说完,小李老师走进了教室。小明愣了一会儿,默默地收拾垃圾……

在案例一中,我们明显感受到师生关系呈现出单一对象的"主体—客体"两极模式,这种"教师中心论"反映出"主体—客体"的两元对立。小李老师没有把学生看作是与自己相同的、自由的主体,而是把他们当作自己教育中可以操作的对象:大声吼骂学生,对处于尴尬处境中的小明漠不关心,命令小明自己处理好后快点上课……这种

[①] 张翔. 成为"平等者中的首席"——后现代主义课程观对高职教师教育教学能力培养的启示[J]. 柳州职业技术学院学报,2009(2).

关系使得学生失去了自主性而被教师所控制和支配。在打翻垃圾桶这个事件中,小李老师居高临下以自己为中心,要求学生们按照自己的意图去做——小明独立处理垃圾桶,其他同学快速回教室上课,以此来建立老师的权威,实现对学生的控制。看似小李老师以迅速有效的方法处理了意外事件,殊不知在这个教育过程中,已造成了教育的不平等。

案例二

又是倒垃圾时间,值日生小明拿着班级里的垃圾桶走在楼梯上,与一位同学撞了一下,垃圾桶从手里掉了下来,垃圾散落一地……旁边的同学捂住鼻子和嘴绕开走……A说:"拿着垃圾桶,怎么不小心一点……"B说:"垃圾桶都拿不好,干什么吃的呀……"C说:"脏死了,脏死了……"

此时,班主任小关看到楼梯口聚集了一群人,急切地问道:"怎么了,有同学受伤吗?"小关老师拨开人群,只见小明尴尬地站着。"哟,原来是垃圾桶打翻了,小明,有没有弄脏你的衣服呀?"小明愣了愣说:"没,没有……"小关老师走过去,俯身拾起垃圾桶,对围观的同学说:"谁能帮个忙,去教室拿扫帚与簸箕,咱们先把这里清了。"小明忙说:"关老师,还是我来清理吧!""嗯,好的,你慢慢清理。其他同学与我一起进教室等你。"

小明清理好回到教室,小关老师请同学们暂停手中的作业。"同学们,刚才很多同学看到小明在楼梯口打翻了垃圾桶,你听到了什么,看到了什么?"同学们说,小明是被其他同学撞到的,不是有意,听到别人的话,觉得他们在责怪小明,更看不惯有的人还捂着鼻子……

"那如果你是小明,听到同学们的话,看到同学们的行为,心情是怎样的?为什么?"有同学说很伤心,是别人误解自己;有同学说当然是愤怒,明明是被别人撞到才打翻垃圾桶的,又不是有意的;还有同学说生气,气那位撞人后逃之夭夭的同学……"小明,你现在的心情呢?""听了同学们的话,我现在反而有点激动,我觉得大家非常理解人,打翻垃圾桶确实不是有意的,你们的话让我觉得心里暖暖的。"小关老师欣慰地看到小明脸上露出了浅浅的笑容……

随后,小关老师又询问同学们有没有遭遇过意外事件,当时的心情是怎样的,后来又是怎么去处理的。在小关老师的引导下,同学们结合自身的经验,共同讨论如何去面对意外事件,怎样巧妙地去处理这些意外事件。

案例二中体现了后现代主义的主体间性理论,它以"'主体—主体'或'主体—中介—主体'的模式彻底推翻传统意义上的'主体—客体'二元对立模式。马丁·布伯的对话哲学指出:个体同世界上各种存在物发生关系的方式有两种,分别用'我—它'与'我—你'来表达。在'我—它'的关系中,'它'(客体)只是'我'(主体)认识利用的对象。在这种对立而不是交融的关系中,'我'不能发现自身的意义;而'我—你'关系则是人类应有的真正的基本关系"①。

小关老师首先关心小明的处境,然后引导同学们一起去讨论与思考,把一个偶发事件智慧地转换为教育的素材。在这个讨论处理意外事件的教育过程中,教师和学生都实现了其主体性。小关老师的主体性表现在作为教育活动的行动者与体验者,他通过自己对生活的思考以及对生命意义的体悟,说出了真实细致而睿智的话语。而作为主体的学生在教育活动中,在小关老师的引导下,去思考面临意外事件时他人的感受,并积极结合自己的成功经验分享方法。在此过程中,学生们在处理与外部世界关系时所表现出来的选择性、能动性和创造性,其意义足以超越处理意外事件本身。

那么,班主任如何在日常教育过程中体现"平等中的首席"呢?

(一) 在和谐关系中消除权威

作为班主任要注意在师生关系、师师关系、家师(家长与老师)关系中消除权威。

---

① 米靖. 马丁·布伯对话教学思想探析[J]. 外国教育研究,2003(2).

班主任虽然是班级的掌舵人,但不代表其拥有绝对的话语权。在班级教育过程中,班主任要善于与其他学科老师、家长们建立平等、理解、双向的关系。教育活动中,他们也是活动的参与者、实践者与创造者。关键是班主任如何去善用这些关系,使得自己的"平等中的首席"地位得以体现。

(二) 在互动对话中建立平等

后现代主义主张"对话不能被简化为一个人向另一个人'灌输'思想的行为,也不能变成诱导对话者'消费'的简单的思想交流"[①]。班主任不能简单说教,而是要以平等为前提,用现象引导学生产生情感体验,再启发学生积极讨论应对意外事件有哪些好办法。在这样互为主体的关系中,师生间的对话发生质的变化,学生若是以后再遇到类似情景,不会再责怪、嘲笑,而是学会了如何去妥善处理,也懂得什么是真正的尊重他人。对话需要师生双方都参加,不仅是言语上的交流,而且有知识、思想、经验和情感等多方面的分享。

(三) 在内在情景中成为首席

班主任的权威,并非来自教育制度赋予的地位,而是靠在教育活动中,在与学生的平等交往与对话中,显示出高度的教育素养和丰厚的专业学养来体现和实现的。班主任要清醒地认识到自己是班级开展教育教学活动中"平等中的首席"。唯有在教育过程中使学生体验到平等、自由、尊严、友善、激励,才能真正走进学生的生活世界,在教育过程中与学生们共同成长。

---

① [巴西]保罗·弗莱雷.被压迫者的教育[M].顾建新,等,译.上海:华东师范大学出版社,2001.

第二节 教育中的保密

一、简要概述

"保密"是一种社会行为,是指社会工作者有责任保护服务对象透露的信息和资料,在法律的范围内,如果没有得到案主的允许不得将他的信息资料泄露给第三方。心理咨询伦理要求在没有征得来访者同意的情况下,心理咨询师不得随意透露咨询过程中来访者所暴露的内容以及与来访者的接触过程等信息,心理咨询师也不得随意向来访者打探与咨询无关的内容。

查阅各类文献后,发现相关文件并没有对班主任教育工作的保密作出明确的规定,但笔者认为,班主任在开展心理辅导的过程中,未经学生同意不得随意透漏学生的隐私、谈话内容、内心想法等,也不能在其他场合与其他人员谈论相关学生的问题与情况。

二、理论视角

《中小学教师职业道德规范》提出了尊重学生人格,保护学生安全等职业道德要求。教育部《中小学班主任工作规定》也提出要"关心爱护全体学生,平等对待每一个学生,尊重学生人格"。保护学生安全,除了保护学生的人身安全,也要注意保护学生的隐私等权益。从这个意义上来说,班主任必须认识到教育中保密的重要性。

《中国心理学会临床与咨询心理学工作伦理守则》第三条有关于隐私权和保密性的规定。具体规定为:

1. 在专业服务开始时,心理师有责任向寻求专业服务者说明工作的保密原则及其应用的限度、保密例外情况并签署知情同意书。

2. 心理师应清楚地了解保密原则的应用有其限度,下列情况为保密原则的例外:(1)心理师发现寻求专业服务者有伤害自身或他人的严重危险;(2)不具备完全民事行为能力的未成年人等受到性侵犯或虐待;(3)法律规定需要披露的其他情况。

3. 遇到(1)和(2)的情况,心理师有责任向寻求专业服务者的合法监护人、可确认的潜在受害者或相关部门预警;遇到(3)的情况,心理师有义务遵守法律法规,并按照最低限度原则披露有关信息,但须要求法庭及相关人员出示合法的正式文书,并要求他们注意专业服务相关信息的披露范围。

4. 心理师应按照法律法规和专业伦理规范在严格保密的前提下创建、使用、保存、传递和处理专业工作相关信息(如个案记录、测验资料、信件、录音、录像等)。心理师可告知寻求专业服务者个案记录的保存方式,相关人员(例如同事、督导、个案管理者、信息技术员)有无权限接触这些记录等。

5. 心理师因专业工作需要在案例讨论或教学、科研、写作中采用心理咨询或治疗案例,应隐去可能辨认出寻求专业服务者的相关信息。

6. 心理师在教学培训、科普宣传中,应避免使用完整案例,如果有可辨识身份的个人信息(如姓名、家庭背景、特殊成长或创伤经历、体貌特征等),须采取必要措施保护当事人隐私。

7. 如果由团队为寻求专业服务者服务,应在团队内部确立保密原则,只有确保寻求专业服务者隐私受到保护时才能讨论其相关信息。①

综合以上规定,我们要充分认识到保密原则对班主任从事心理辅导工作的意义与价值,以及对于班主任提升自身专业素养的重要性。

三、辅导建议

案例一

班主任在批阅学生日记时发现,某女生对某男生颇有好感,同时经私下了解,得知他们近来关系比较复杂,疑似恋爱了。于是,班主任就找女生谈话,

---

① 中国心理学会临床与咨询心理学工作伦理守则[J]. 心理学报,2018,50(11):1314—1322.

可该女生一口否认,只承认在进行结对帮教活动。接下来的几周,班主任细心观察,发现他们确实走得很近,觉得有必要好心提醒家长一下。

"某同学妈妈,你家女儿最近与某男生走得比较近,你知道吗?"

"老师,她说与某某最近一起学习,互相帮助,还说这是班中的一项师徒结对活动。"

"有这活动,可她在日记中说喜欢某某,看见他会心跳加速,不看见他会茶饭不香。不知你有没有留意呀?"

"老师,麻烦你把日记拍照传我,一般她是不会让我看她日记的。"

班主任好心把日记相关内容传给女生的妈妈,可万万没想到,女生的妈妈竟然在班级 QQ 群里向对方家长喊话,要求对方家长管好自己的儿子,不许他们再结对学习了。该女生得知后非常生气,回家与妈妈理论了一番。可她哪里是妈妈的对手,一气之下就离家出走了。班主任也非常后悔自己将日记内容传给了女生的妈妈,在找到她之后向她郑重道歉。

案例二

"他,身材高挑,体魄强健,更是灌篮高手,也是我心中的白马王子……"班主任徐老师看着班中才女小丽的日记,感受到她那颗朦胧的爱之心在怦怦跳动,不用多想,徐老师早已猜出小丽所描绘的白马王子是班中的体育委员小马。

前几天,办公室同事就委婉地告知徐老师,在商场看到小丽与小马在一起。徐老师也发现不爱锻炼的小丽近来总往运动场跑,而小马在打篮球过程中也时不时在寻找某人的身影。

要不要找他俩谈谈,否则会不会影响不好呀?可怎么找他们谈呢?原以为早已忘记的往事,像影片一样清晰地浮现在徐老师的脑海中。

> 徐老师高中时也暗恋班中公认的白马王子，像小丽那样抑制不了自己的爱慕之心，在日记中倾诉。她的班主任高老师真的是位高人，不动声色地约当时的小徐同学一起去家访。小徐怀着忐忑之心，与高老师一起来到暗恋对象的家中。在近距离、全方面了解后，小徐觉得那个他并不像自己想象的那般完美：懒散、倔强、情绪失控……那次家访后，高老师语重心长地说：要想了解一个人，需要近距离地接触，现实与想象永远有一定的差距……从此，小徐慢慢放下对那个人的暗恋，专心学习，而高老师再也没有提起过此事。
>
> 徐老师觉得自己有办法了……

这两个案例中的班主任都是通过日记了解到了学生的思想动态，但因各自教育理念的不同，所采取的教育方式也迥然不同。案例一中的班主任觉得自己有权利也有义务来翻阅学生日记，且认为该生早恋违反校规，自己有责任要对其进行必要的教育，随后未经该生同意就随意让他人得知日记内容，并公开对其进行批评，殊不知早已侵犯了学生的隐私权。而案例二中的高老师与徐老师同样通过日记得知学生为爱所困，不露声色、巧妙地进行规劝，使得学生及时醒悟，将影响控制在最小范围内。那么，班主任在日常教育工作中，该如何践行保密原则呢？

（一）不违原则底线的可以全部保密

班主任在教育过程中，对于学生犯的那些不违背国家法规、道德底线的过错，如私拿他人财物并主动归还的、羡慕他人而说坏话的、搞小团体孤立他人的等等，经过班主任的教育并有悔过行为的，可以进行保密。保密，并不是对之放任不管，班主任要随时掌握其动态，并对其之后的行为进行客观公正的评判，帮助他们养成良好的、合乎规范的行为。

案例二中的徐老师之后在班中进行了相关的青春期性教育，通过女生眼中的男生形象、男生眼中的女生形象，以及男女生交往锦囊等相关话题的讨论，将所谓的男女生早恋问题摊到台面上来公开谈论，反而使得男女生的交往变得大方、透明，除去了神秘感。后来,徐老师发现小丽对体育委员的爱慕之情也慢慢淡了下来,日记中也坦露了自己情感的变化,认识到那只是自己的一时爱慕罢了。

(二)涉及他人权益的需要部分保密

班主任工作是学校工作中的一部分,如果说整个教育(学校、家庭、社会)是一个大的系统的话,那么班主任工作则是学校教育的一个子系统。在班主任实际工作中,会与各个子系统协作,只有各子系统和谐运作才能有效地做好教育工作。学生出于对班主任的信任,能对其袒露心声,将烦恼与困惑和盘托出。但有时这些问题,必将牵涉到其他人,此时考验的就是班主任的保密意识与行为了。

有一个学生违规不到校上课,班主任找到他后,学生告知班主任近来他父母经常吵架,到了非要离婚不可的地步。学生还告知班主任,其父母不肯消停,是因为爸爸在外有恋情,而妈妈失手打伤了对方。该生想用不去上学的方式让父母放弃离异的念头,这才做出了离家出走的举动。班主任了解了事情的缘由,面对学校领导的询问时,需要清醒地认识到:只能告知学校该生不来上课,是因为父母间的矛盾。至于是什么矛盾,务必在向学校领导汇报前,与该生讨论:对于目前的家庭矛盾,你觉得老师能向学校汇报些什么?讲到什么程度是你能接受的?对于你回到学校,哪些是不可以讲的?在学生知情同意的情况下,再对学校进行相关的汇报,否则会对该生造成一定程度的负面影响。

(三)伤害生命安全的必然要突破保密

在教育过程中严格遵循保密原则的班主任,必然会得到学生、家长与同事的信任,这对班主任工作的有效开展也会起到积极的作用。信任的根本就是尊重彼此的权责。在班主任的教育工作中,学生及家长要求保密,也是他们的基本权利。如果没有保密作为前提保障,有时学生或家长也不会向班主任求助,那么教育工作也无法推进。

问题是,班主任是不是要为他们绝对保密?是不是对他们所说的信息都要进行保密？如果泄密，将会造成怎样的后果？《中国心理学会临床与咨询心理学工作伦理守则》第三条已经明确了咨询师保密例外的具体情况。当学生的行为极有可能威胁到自己或他人生命安全时，或者他人行为已严重伤害到学生时，班主任要果断突破保密，最大程度地保护未成年人。

小欣告知班主任她经常遭到隔壁叔叔的骚扰（无实质性侵害），但担心会影响爸妈与叔叔的关系，一直不敢告诉爸妈。而爸妈在不知情的情况下，还托叔叔替他们接小欣回家，并让她在叔叔家做作业等爸妈回家。好几次，小欣都不愿让叔叔来接，情愿待在班级里写作业，还被爸妈埋怨她不懂事。班主任了解到情况后约谈了小欣的家长，将小欣不愿让叔叔接回家的原因告知他们，提醒他们不要冲动处理，可以巧妙暗示对方已知晓原因，在无法避开见面的情况下一定陪同等。爸妈不知小欣经历如此的挣扎，非常感谢班主任及时告知，由此没有对小欣造成更大的伤害。

中小学班主任面对的是未成年人，保密是他们比较敏感的话题，灵活妥善地遵循保密原则，也是班主任专业能力的一个体现。

第三节　角色中的多重关系

一、简要概述

双重关系，即两个人之间存在两种关系，而这两种关系可能会相互影响，比如两个人既是夫妻，又是合伙人，夫妻关系会影响其合伙关系，合伙关系也会反过来影响夫妻关系。再比如学校里的心理老师，既是心理咨询师，也是学校里的老师，他们具有双重身份，无论是对于学生群体的咨询，还是学校内教师的咨询，都存在双重关系的问题。多重关系，即两个人之间存在两种以上的关系，这必然会错综复杂，发生交错的相互影响。

学科教师与学生也极有可能构成双重或多重关系，在教育教学方面存在"老师—学生"的关系，但还有可能存在"老师—亲戚""老师—父母朋友"等多种关系。班主任在学校里担任着学科教学的任务,那么与学生首先存在着"学科教师—学生"的师生关系。同时,作为这个班级的掌舵人,又构成"班主任—学科教师—学生"的三重关系。如机缘巧合,还会构成"班主任—学科教师—学生—亲戚……"等多重复杂关系。

二、理论视角

目前在上海,允许符合相关条件的学校学科教师、班主任考学校心理咨询师证书,在获得相应咨询师证书的前提下,对学生进行心理咨询或辅导。双重关系或多重关系在咨询过程中容易带来的困境如下:

1. 因过于熟悉而无法坦诚

班主任相对一般学校心理咨询师来说,对于学生的情况了解得更多,与学生相处的时间也多出许多。有的班主任已经带这个班级多年,那么对学生可以说是"知根知底"。反之,学生在学科教学课堂上、班级活动中也相应地对班主任更为熟悉。因此,在咨询中他们可能无法敞开心扉表达自己真正的想法和情绪,也可能由于过度熟悉而出现移情,导致咨询关系难以建立。班主任也容易"先入为主",难以客观地对待前来接受辅导的学生。

2. 无法实现纯粹的心理咨询

作为班级的管理者,班主任在对学生进行咨询或辅导时,出于工作的惯性,可能首先想到的是学校与班级的管理制度,无法做到价值中立,往往会进行以说教方式为主的咨询或辅导。那么在整个咨询或辅导过程中,学生感受不到自己做主,或是无法实现自己前来咨询或接受辅导的初衷,这也就偏离了心理咨询的真正目标。

另外,在平时的班级生活中,班主任会让学生协助班级管理工作,还会让学生去拿油印的试卷,借用、归还学校的物品等。在一般情况下,学生不会拒绝老师的要求,甚至会觉得与老师的关系不一般。对于老师的命令或要求不拒绝或坚决服从,在班级管理方面来看是个好的现象,但在辅导中,会给双方的咨询关系带来不利的影响,无法实现真正有效的咨询。

3. 处处需要关注人情关系

中国人在社会关系中讲究人情关系。作为班主任,既要面对学校领导的"委托",

又要应付熟人的请求,在咨询或辅导中想要做到价值中立、不主观评判等真的很难。另外,面对学校领导的询问或热切关心,也会为难是否要告知实情。目前,许多同事或领导以及家长,会对拥有咨询师证书的班主任对学生的咨询或辅导抱有过高的期盼,觉得他们能应对一切情况。基于种种人情关系,教师咨询或辅导的压力可想而知,这都会给咨访关系、咨询效果甚至人际关系带来不良的影响。

三、辅导建议

案例一

班主任许老师发现晓飞近来下课后常常滞留在教室里,不再像以前那样欢快地奔出教室了。几次问他,他都含糊其词,只是说想静静地休息一下。一天放学前,许老师无意间看到晓飞的额头上有个小小的红包。许老师感觉事情有点不对劲。于是第二天中午把晓飞约到学校咨询室谈谈。

"晓飞,让我看看你的额头。"待坐定后,许老师主动出击。

晓飞忙用手挡住说:"没事没事,已经不疼了。"

在许老师的鼓励下,晓飞终于说出了缘由。原来班中的小宇仗着自己妈妈是学校的老师,行为举止越来越夸张,背着许老师经常欺负班中同学。像晓飞这样比较瘦弱的,更是他攻击与欺负的对象,轻则责骂,重则拳脚相加,他还警告晓飞不许告诉许老师。

"晓飞,你怎么这样听小宇的话?"

"小宇说的,你和他妈妈是好朋友,肯定相信他而不会相信我们。再说,小宇的妈妈是我们的年级组长,小宇说许老师也要听他妈妈这个领导的。"

听了晓飞的话,许老师真的一下子愣住了……

案例二

小静，一个缺失母爱的孩子，在她三岁时，她的妈妈因生了严重的病离开了人世间。谭老师作为小静的亲戚，在小静进入六年级时，特意把她留在自己的班级中。在平时的教育教学活动中，谭老师会对小静有所照顾，也会对其他科任教师说明情况以便小静能得到相应的照顾。两年来，小静渐渐活泼起来，也会主动帮助谭老师做些力所能及的班级工作。

可最近小静在谭老师没推荐她参加学校红领巾广播播音员竞选的事上颇有情绪，看到谭老师走来也不像以前那么主动打招呼了，还对奶奶说谭老师偏心，对她没信心。

"小静，竞选播音员的事，你还没想通吗？"

小静瞄了谭老师一眼，小声说："没，没啥了。"

谭老师笑着说道："你的没啥了，我听着还有些啥，到底是啥呢？"

在谭老师坦诚请教的态度下，小静说出了自己的想法：她原来以为谭老师一直很照顾她，而且也知道当播音员是她的一个愿望，这次会先满足她的。可她万万没想到谭老师会让几个人公开竞争，结果她落选了，因此觉得谭老师不像以前那么疼爱她了。

在了解了小静的想法后，谭老师把参加竞选的几位同学的名字列在纸上，与小静一起讨论他们各自在播音上的优势与不足。随着讨论的深入，小静认识到自己确实不如当上播音员的那位同学。

"小静，现在你觉得这件事还有啥吗？"谭老师套用小静的话，幽默地问道。

小静急忙回答："真的没啥了。"

看着谭老师的笑容，小静知道谭老师还是那个疼爱自己的人。

两个案例中的老师都面临多重关系的困境，但他们对多重关系的认识不同，采用的处理方式不同，最终的处理结果也不同。案例一中的许老师因为与小宇妈妈是朋友关系,有可能在之前早就认识了小宇,在不知不觉中对于小宇有所偏爱。再加上小宇妈妈又是许老师的顶头上司,出于工作的上下级关系,对于小宇的某些行为可能没有及时教育指正。种种关系的束缚,造成小宇产生了许老师不敢对他怎样的认识,就更加肆无忌惮了。而案例二中的谭老师虽然因为知道小静的特殊情况,加之又是亲戚关系,对小静有所偏爱与照顾,但谭老师心中自有一杆秤,对于自己的角色与边界十分清晰,在公平公正上毫不偏颇。

那么,班主任在咨询或辅导过程中要如何应对双重或多重关系的困境呢?

1. 正视双重或多重关系,提升自身伦理意识

西方社会的交往与人际关系比较注重"契约关系",有着比较明确的界限。而中国人在人际关系中的"面子文化"和"人情法则"与咨询伦理中专业关系的界限存在冲突。要想自己的咨询或辅导达到良好的效果,班主任不仅需要磨炼自己的咨询或辅导技能,还要提升自身的伦理意识和观念。

我们在学校不可避免地会面临双重或多重关系的情境,虽然双重或多重关系的存在并不一定违反伦理,但一旦对学生的权益造成损害或对学生的利益形成剥削,就会对班主任自身造成一定的负面影响,此时一定要有职业道德规范意识,遵守职业伦理规范,妥善处理这种双重或多重关系。

2. 利用双重或多重关系,提高咨询实际效果

在学校心理教育工作中,我们发现有时班主任做心理咨询或辅导的效果甚至比学校心理咨询师来做的咨询效果好。因为班主任与自己本班学生相知相熟,对自己的学生有一定的了解,会解读他们的每一个微表情、小暗语,从某种程度上来看具有一定的优势。因此,班主任可以利用这种已经具备的熟悉与信任,比较快地与学生建立良好的咨访关系,为化解学生的心理困扰提供更多的时间和空间。用好多重关系中的积极资源,可以为心理咨询带来良好效果。

案例二中的谭老师原先对小静比较关爱,虽然小静在竞选播音员这件事上对谭老师的做法有一定的误解,但谭老师身上的母爱之光,正是她能感受到的暖流,所以一旦谭老师解释清楚自己的初衷,小静就会理解与认可谭老师的做法。而这一点也是谭老师利用了她俩多重关系中小静对她的移情,使得自己的咨询或辅导能实质性地推进下去。

　　3. 审视双重或多重关系,及时觉察问题寻求督导

　　当双重或多重关系已经影响到咨询或辅导效果时,班主任需要有自知之明,要懂得及时寻求心理督导。目前,基层学校虽然配备了专职心理咨询师,可他们基本是孤军奋战,再加上许多心理咨询师也是新手上岗,在资历上无法承担督导师的重任。所以,班主任需要重视寻求心理督导。

　　案例一中的许老师需要在督导师的帮助下,看清自己为何对小宇的行为无法有效干预,是出于对小宇的情感? 还是出于小宇妈妈的关系? 另外,许老师可以在心理督导师的指导下,正确处理与小宇、小宇妈妈的关系,也对小宇与同学们的关系加以辅导,从而使得整个班级的人际关系得到良好的发展。

　　双重或多重关系的存在并不一定违反伦理,关键是对之要有清醒的认识,明晰界限,利用好这种关系有时也会提升咨询或辅导的效果。

第四章

学业辅导

对于学龄段的孩子来说,学习是一个绕不开的话题,学生表现出来的情绪、行为问题大多与学习有关。学业在很大程度上和学生未来的事业发展、成就取得有着密切的联系。从人的整个发展过程来看,学习贯穿人的一生,20世纪70年代开始所倡导的终身教育,即着眼于让人具备终身学习的能力,强调在适应社会变迁的同时,实现个人的人生价值。人类的学习行为一直是心理学家探究的重要领域之一,学业辅导也是现代心理学的重要主题之一。"所谓学业辅导,也称学习辅导,是学校心理辅导的重要内容,主要是指教师运用学习心理学及其相关理论对学生在学习活动中发生的各种问题进行心理辅导。"①

本章主要讨论如何养成良好的学习习惯、激发充足的学习动机以及掌握有效的学习策略。

第一节　学习习惯

一、简要概述

习惯是由后天长时间的重复而养成的一种比较稳固的、不易改变的行为倾向。学习习惯是指学习者在长期的学习过程中,通过反复练习,形成的个体较为稳定的一种自动化的学习行为方式。

中国当代作家巴金先生曾经说过:"孩子的成功教育从好习惯的培养开始。"著名

---

① 吴增强.学习心理辅导[M].上海:上海教育出版社,2012:15.

教育家叶圣陶先生也曾提到："教育就是培养习惯。"在学生的学业生涯中，学习习惯是影响学业成就的重要因素：良好的学习习惯有利于激发学生学习的积极性和主动性，提高学习效率；不良的学习习惯则会给学习造成困难和障碍，影响学习任务的完成。

　　班级是学校教育工作的基本单位，班主任是班集体的组织者和引领者，是中小学生健康成长的人生导师，班主任的教育教学风格对于班集体整体学习行为和班级中个体学习习惯的形成有着举足轻重的影响。此外，作为学校、社会和家庭之间相互联系和沟通的桥梁，班主任可以有效整合各方外在因素，共同促进学生良好学习行为的形成。

二、理论视角

　　学界关于学习习惯的研究主要聚焦在以下几个方面：一是学习习惯培养的方法和策略研究，二是学习习惯形成机制的研究，三是不同学段学生学习习惯维度的研究[①]，四是影响学习习惯形成因素的研究。

（一）方法与策略

　　一些研究针对具体学科，提出了针对性的学习习惯培养，如"语文学习习惯应该包括朗读背诵的习惯、记笔记和整理笔记的习惯、写日记的习惯、独立思考的习惯、使用工具书和参考书的习惯、提前预习和及时复习的习惯等"[②]。另外一些研究则不针对具体学科，关注概括性的学习习惯的培养，比如要重视语言激励性评价方法（包括即时评语、作业评语等评语形式），分层激励性评价方法（指尊重学生发展差异性的不同层次的评价方法），情感激励性评价方法（包括赞许的点头、会心的微笑、期待的目光等）对于建构学生学习习惯的积极影响。[③]

---

① 武法提,殷宝媛,黄石华.基于教育大数据的学习习惯动力学研究框架[J].中国电化教育 2019(1)：70—76.
② 佟士凡.重视学法面向未来——语文教学面临的一个重要课题[J].语文教学通讯,1992,(1)：39—41.
③ 白文飞.应用激励性评价方法促进中小学生学习习惯的养成[J].教育理论与实践,2014,(7)：45—46.

（二）形成过程与机制

学习习惯形成的过程,有研究者提出可分为三个阶段:"一是需要依靠外部强制力量推动和维持的'不自觉行为'阶段,二是需要学习者本人通过意志努力自我强制、自我监督的'半自觉行为'阶段,三是在一定条件下自然而然反应的'自觉行为'阶段。"①可见,学习习惯的培养并非一蹴而就,对于小学阶段,特别是低年级的学生来说,他们的自我控制能力发育尚未完善,需要依赖教师和家长帮助孩子纠正学习过程中不良的习惯,巩固良好的习惯。

国外学者从心理学角度分析了学习习惯的形成机制。有的学者提出,"目标"在习惯形成的过程中至关重要,认为习惯是一种目标导向的自动化反应行为,行为目标的激活可以直接引发习惯行为;②有的学者认为"态度"在习惯形成的过程中值得重视,认为习惯的形成包括需求、感知(希望、社会压力、行为控制)、意图、态度、评估(满意度)、形成习惯等阶段;③有的学者认为"环境"对习惯行为的形成起到重要的影响作用——学习者知觉到环境背景的特征线索,就会触发相应的联结反应。④

（三）不同学段学生学习习惯的维度

国外学者将青少年的学习习惯分成能力动机、学习态度、注意力或坚持性、策略或灵活性四个维度。⑤ 国内学者提出三种类型的学习习惯:基本学习习惯,指学生为了

---

① 白文飞.应用激励性评价方法促进中小学生学习习惯的养成[J].教育理论与实践,2014,(7):45—46.

② Verplanken B, & Aarts H. Habit, attitude, and planned behavior: Is habit an empty construct or an interesting case of goal-directed automaticity? [J]. European Review of Social Psychology, 1999,(10): 101 – 134.

③ Aarts H, Paulussen T, Schaalma H. Physical exercise habit: on the conceptualization and formation of habitual health behaviours [J]. Health Education Research, 1997,12(3): 363 – 374.

④ Neal D T, Wood W, Quinn J M. Habits: A Repeat Performance [J]. Current Directions in Psychological Science, 2006,15(4): 198 – 202.

⑤ McDermott P A. National scales of differential learning behaviors among American children and adolescents [J]. School Psychology Review, 1999,28(2): 280 – 291.

适应学习生活而必须具备的、基本的学习习惯,更多的侧重于行为规范,如认真听讲、独立完成作业等;拓展性学习习惯,指学生为了适应拓展性、探究性学习而需要具备的学习习惯,如合作学习、查找资料等;个性化学习习惯,指带有学生自身明显个人特点的学习习惯,如利用思维导图来梳理知识点等。[①] 小学阶段的学生应以培养良好的基本学习习惯为主,同时注重拓展性学习习惯的养成,中学阶段的学生则应该将重点放在拓展性学习习惯和个性化学习习惯的形成上。

表4-1　小学阶段需要培养的学习习惯[②]

学习习惯		具体内容和行为要求
基本学习习惯	学会倾听	上课认真听讲,认真听老师讲话,认真听同学发言
	敢于提问	遇到不懂的地方,会向老师、同学请教 对于周围的事物有好奇之心,经常提出问题 与老师和同学有不同看法时,敢于说出自己的看法 提出问题时,能清楚表达自己心中的疑问
	认真书写	书写姿势正确 按正确的笔顺书写,字迹工整 书写时专心,注意力集中
	独立认真完成作业	能认真、按要求、按时完成作业 完成作业后,能认真检查,发现错误后及时改正 独立完成作业,在遇到困难时先尽量自己解决 认真审题,明白题目的意思再做题
	善于思考	积极思考老师、同学提出的问题 课堂上积极举手回答老师的问题 遇到问题,先自己思考,尽量寻找解决的办法 敢于表达,能大胆地发表自己的看法
	自主学习	能主动完成学习任务 能安排自己的学习生活 提前预习课堂上需要学习的内容 能定期复习已经学过的知识,温故而知新 能主动学习自己感兴趣的知识
拓展性学习习惯	与人合作	能与同学一起合作完成学习任务 在合作中懂得分工合作 能听取别人的意见和观点,尊重别人

① 沙莲香. 社会心理学[M]. 北京:人民大学出版社,1987.
② 边玉芳. 读懂孩子(6—12岁)[M],北京:北京师范大学出版社,2015:19—20.

学习习惯		具体内容和行为要求
	搜集资料	能在成人的帮助下，上网检索或查阅相应的资料和书籍 能正确使用工具书，如字典
	动手操作	能积极参加实验的操作和手工的制作 能把自己的想法付诸实践，做一些小设计和小改造

（四）影响因素

从外在因素来看，中外学者较为一致地认为社会环境、家庭和学校教育都会影响学生学习行为与习惯的形成。其中，教师的教育教学风格对于学习习惯的形成有着不容忽视的影响：果断、高效、理智、充满活力的积极的教学风格，能够潜移默化地影响学生形成良好的行为模式和学习习惯；反之，懒惰、拖沓、鲁莽等消极教学风格也会在不经意间传递给学生，影响学生今后的发展。[1] 也有研究者提出，除了教师和家长之外，班集体也是影响学生学习习惯形成的重要因素，班集体中良好的心理氛围对于学生良好学习态度与习惯的形成具有积极的影响作用。[2]

从内在因素来看，学习者个人的自我效能感是影响学习习惯形成的重要因素。班杜拉对自我效能感的定义是"指人们对自身能否利用所拥有的技能去完成某项工作行为的自信程度"，他认为自我效能感影响个体的活动选择、表现和努力程度、处理问题时的思路方法及情绪反应。随着自我效能感的增强，学习者的个人努力程度会逐渐增强，有利于在学习活动中坚持良好的学习行为，并进而发展出良好的学习习惯。[3] 此外，学生个体内省能力的发展、学习动机与兴趣，也在一定程度上有助于学习习惯的形成。[4]

① 刘瑶. 教师教学风格对小学生学习习惯形成的影响. 课程教育研究[J]. 2017(38)：201—202.
② 巴班斯基. 教学教育过程最优[M]. 吴文侃，译. 北京：教育科学出版社，2001：146—147.
③ 张大均. 教育心理学[M]. 北京：人民教育出版社，2004：96.
④ 林格. 教育，就是培养习惯[M]. 北京：清华大学出版社，2007：60.

三、辅导建议

案例

新学期开始后,张老师担任三年级一班的语文老师,同时担任班主任。开学一段时间后,他发现班级里有不少同学的语文作业字迹潦草、书写不够规范,和其他学科教师沟通后,得知数学和英语作业也有类似情况。另外,他还从一些家长口中得知,父母忙于工作,孩子由祖辈接送照顾,有的孩子还经常一边开着电视一边写作业。父母管的时候就会好一些,不管的时候连写字姿势都无法保持。也有一些家长不以为然,声称教育要"解放孩子的天性",小学低年级就是应该让孩子多玩多放松,以后孩子长大了,好习惯自然而然就养成了。

张老师认为营造积极向上、团结互助的班集体学习氛围非常重要,但学生良好行为习惯的养成,除了学校教育,也离不开家庭教育,家长也要重视对孩子学习习惯的培养。于是,张老师决定召开一次主题为"学习习惯养成"的家长会。在家长会上,他强调,中低年级正是孩子学习习惯养成的关键时期,引导孩子养成认真书写、独立完成作业等基本的学习习惯,要从现在做起,家校携手,共同促进和巩固孩子良好学习习惯的形成。

结合以上案例,作为班主任,可以从以下几个方面入手,帮助学生建立良好的学习习惯。

(一)重视在关键期培养孩子的学习习惯

关键期对学生学习习惯的培养至关重要。所谓关键期,是指人的某种行为或能力发展最快的时期,在这个时期给予充分的刺激或干预,能够事半功倍地促进该行为或能力的形成,而错过这个时期再进行教育,效果就会大打折扣。对于学习习惯的形成来说,小学阶段,特别是小学低年级正是关键的阶段,低年级的学生正处在道德发展的"他律"阶段,相比其他年龄段的学生,会更愿意服从和遵守老师和家长提出的要求,此时,良好的学习习惯容易建立并得到巩固,不良的学习习惯也容易及时被纠正。

（二）帮助学生认识到良好学习习惯和学习效果的关系

有经验的老师常常发现,很多学生考试中的失分是由不良的学习习惯造成的,比如审题不够认真仔细、书写不够规范、计算步骤不够清晰等等。在低年级,学生之间没有明显的学业差异,但随着年级的增长和学习内容难度的增加,学习习惯对学业成绩的影响也将日益凸显出来。例如,能够集中注意力并养成阅读习惯的学生,通常在阅读理解中能够更加快速、准确地把握文章想要表达的意思。

（三）及时肯定鼓励，激发自我效能

班主任在帮助学生养成学习习惯的过程中,要不失时机地给予学生肯定和鼓励,及时的正强化能够激发学生内在的成就感,提升自我效能感,从而激发继续努力巩固好习惯的内在动力。当然,在给予学生反馈的时候,要注意反馈的时机和形式。反馈应及时,这样好的习惯才能得到巩固,不良的习惯也可以在第一时间得到纠正;反馈应具体,相比给予物质奖励,或者空洞地表扬孩子"做得好",具体的诸如"你做到了眼离书本一尺、胸离桌子一拳、手离笔尖一寸,姿势正确,要继续坚持!"的反馈,不仅会让学生感受到老师的关心,还会帮助他们明确自己需要继续努力的方向。

（四）注重以身作则，树立学习榜样

中小学生的模仿能力很强,会不自觉地模仿他人的行为,也容易受到他人的影响。

在班集体中,班主任要注意营造良好的学习氛围,注重通过树立班级榜样人物、分享名人故事等方式,促进学生之间积极的交流和相互影响,激励学生向榜样学习。同样,班主任自身也应该以身作则成为学生言行举止的学习榜样,比如:老师板书工整,学生就会在模仿老师的过程中认真写字;喜欢阅读的班主任会精心布置班级的读书角,班级的学生也更有可能形成好的阅读习惯等。

第二节　学习动机

一、简要概述

"所谓动机,是指引起个体活动,维持已引起的活动,并促使该活动朝向某一目标进行的内在历程。"[①]"学习动机,则是指激发个体进行学习活动,维持已引起的学习活动,并使行为朝向一定的学习目标的一种内在过程或内部心理状态。"[②]学习动机是激发学习行为,决定学习方向和学习过程,影响学习效果,关系学生学业水平的重要因素:动机水平高的学生能够在学习活动中保持专注状态,认真完成学习任务;动机水平低的学生则缺乏学习的专注性和持久性,进而引发学业困难。

作为班级的组织者、管理者和引领者,班主任的优势在于不仅能够掌握自己任教学科的学生的学习情况,及时对遇到困难的学生给予关心和帮助,还能在与其他教师的沟通中,协调各科活动和课业负担,全面了解本班学生的学习情况,协同各科教师共同激发学生的学习动机,开展教育。

---

① 张春兴. 张氏心理学辞典[M]. 上海:上海辞书出版社,1992.
② 李伯黍、燕国材. 教育心理学[M]. 上海:华东师范大学出版社,1993:235.

二、理论视角

（一）动机相关经典研究理论

1. 需要层次理论

动机由多种不同性质的需求组成，学习动机同样如此。马斯洛提出的需要层次理论把人的需要由低到高分为五个层次：生理的需要、安全的需要、爱与归属感的需要、尊重的需要和自我实现的需要（图4-1）。

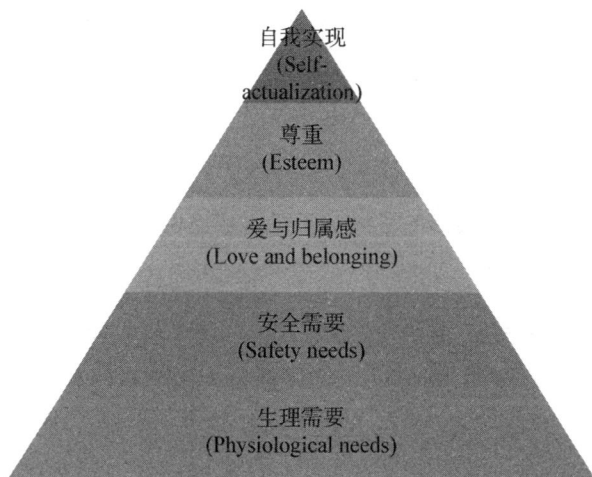

图4-1 马斯洛的需要层次图

马斯洛的动机理论认为个体与生俱来就具有自我实现的特殊动力，这种动力是一种内在需求，促使个体通过行为去满足这一需求，从而使个体的潜力得以展现。在学校教育中，随着学生年龄的增长和自我意识的萌发，他们渴望得到周围人的尊重和认可，渴望通过学习实现自己的价值和潜能。在学校中开展学业辅导时，如何培养学生求知的需求，使学生在学习的成功中体验到自尊自信，是值得教育工作者深入思考的问题。

2. 归因理论

归因理论是韦纳于 20 世纪 80 年代提出的,他认为"寻求理解是人类行为的主要激发因素,是人类动机的主要源泉"①。所谓归因,是指个体根据有关信息、线索,对自己或他人行动结果的原因进行推测或判断的过程。结合众多研究的观点,韦纳提出了三维归因结构,即从因素来源、稳定性、可控性三个方面归因。

(1) 因素来源。根据所推断原因是否与个体有关,划分为内部归因和外部归因。前者通常认为事情的结果是自己造成的,比如学生认为好成绩的取得与自身有关,是自己努力付出的结果;后者则认为事情的结果是外部原因造成的,比如学生认为之所以取得好成绩,是因为考试题目简单、其他人发挥不好或自己运气太好。

(2) 稳定性。根据推断的原因是否随时间或情境的变化有所改变,划分为稳定的和不稳定的归因。比如内在的能力因素和外在的任务难度因素通常是比较稳定的,而内在的努力因素和外在的运气因素则是不稳定的。

(3) 可控性。根据推断的原因是否受个人意志控制,划分为可控的和不可控的归因。前者是指把事情的结果归因为自己可以控制的因素,比如取得好成绩是因为自己努力并且懂得向他人求助,努力和求助都是可以控制的;后者是指把事情的结果归因为自己不可以控制的因素,比如取得好成绩与否取决于考试题目的难度和考试当天的运气,任务难度和运气是个体难以控制的。

3. 自我效能理论

自我效能感是班杜拉在 20 世纪 70 年代提出的心理学概念,是其社会学习理论中的一个核心概念,指个体对自己在组织、执行行动、达到目标的过程中,对自己是否有能力达成目标的自信程度。班杜拉认为自我效能感水平的高低会增强或削弱动机,比如:在学习中自我效能感高的学生,对自己有较高的期望,对自己的学习能力充满自信,更加愿意接受挑战,遇到困难能够不断尝试新方法努力克服;自我效能感低的学生在遇到困难时,则容易自我怀疑、畏缩不前、束手无措,难以从克服困难的过程中获得成就感。

---

① Weiner B. A theory of motivation for some classroom experiences [J]. Journal of Educaitonal Psychology,1979,71,3 - 25.

（二）学习动机的分类

学生的学习动机可以来自外部,也可以来自内部,根据动力的来源,可分为外部学习动机和内部学习动机。由外在动力激发以驱使学生积极进行学习活动的动机称之为外部动机,包括来自教师和家长的奖励和赞许,考试的名次和荣誉等;由内在心理因素转化而来的,能够推动学生积极进行学习活动的动机称之为内部动机,包括兴趣、理想、好奇心、求知欲、自我实现等。有研究者进一步将外部学习动机细分为附属性动机和威信性动机,将内部学习动机细分为认知性动机和成就性动机(表4-2)。在小学阶段,外部学习动机通常占据主导地位,随着年龄的增长,到中学阶段,内部学习动机对学业起到更加关键的作用。有研究者指出中学生内部成就动机中的回避失败倾向会逐渐凸显,表现为故意迟到、不认真听讲、不希望在课堂上被老师注意或提问、声称考试前并未进行复习等等,对于自我意识萌发的青春期阶段学生而言,这些对失败的回避是一种维护自尊、自我保护的表现。[①]

表4-2　学生学习动机分类[②]

学习动机类型		具体内容
外部学习动机	附属性动机	为获得来自老师和家长的赞许、认可或嘉奖,将学习目标主要指向学习成绩的动机。
	威信性动机	为赢得名次、自尊与地位,将学习目标指向获得外在利益的动机。
内部学习动机	认知性动机	为获取更多的知识和解决问题的方法,以好奇心、求知欲为基础,将学习目标指向学习本身的动机。
	成就性动机	为追求更高目标,完成有挑战性的任务,通过竞争力求成功避免失败的动机。

---

① 边玉芳.读懂孩子(12—18岁)[M].北京：北京师范大学出版社,2014：150.
② 王有智.西北地区小学生学习动机发展特点等研究[J].心理发展与教育,2003(1)：20—24.

三、辅导建议

> ### 案例
>
> 李老师是高二(1)班的班主任,任教班级的数学,近两次的月考,班级中很多同学的成绩不够理想。李老师发现不止是数学,其他学科也有类似的情况。和个别同学交流后,他发现学生中存在两种比较突出的现象:一部分成绩原本不错的学生,由于对自己的预期和要求都很高,感觉压力太大,有的学生甚至说自己就像一部"考试机器",每天刷题却不知道为了什么,如果只是为了考大学,学习真是太没劲了,每当想起这些时,他们就会在课堂上不知不觉地走神。另外一部分则是成绩原本就比较落后的学生,随着学习内容难度的增加,学习成绩不见起色,慢慢对自己失去了信心,每天浑浑噩噩地混日子,上课时"人在心不在",对于老师讲的知识也根本听不进去。
>
> 面对班级中阶段性出现的问题,李老师开展了主题为"我的学习我做主"的主题班会。他鼓励学生畅所欲言地表达对学习压力的看法和对学习成绩的担心,引导学生理性地看待学习压力,客观地分析自身情况。他告诉学生,不管是来自他人的期待,还是外界的轻视,都不应该成为阻挡他们实现自我目标的绊脚石,每个人都应该从自身出发,和自己的每一天比较,哪怕只有一点点的进步,也具有重要的意义,因为每个人都是自己学习的主人。

从案例出发,作为班主任,在激发学生的学习动机时,可以从以下几个方面对学生加以引导。

（一）根据实际，调整学习任务难度和学习动机水平

根据"耶克斯-多德森定律"，中等程度的刺激最有利于学习效果的提高。[①] 这个定律同样适用于学习动机和学习效率之间的关系，也就是说，学习动机和学习效率之间呈现"倒 U 形"曲线关系：学习动机过低时，学习效率同样很低；随着学习动机水平的升高，学习效率开始提升；当学习动机水平过高时，学习效率则再次出现下降（图 4-2）。有经验的班主任会发现，中等强度的学习动机最有利于学习，而班级中那些动机过强的学生，常常对学习结果要求过高，当预期结果不能达成时，便会产生挫败感，出现自责、内疚、恼怒甚至厌学等情绪；对于班级中动机过低的学生来说，他们缺乏学习的积极性，很少花时间和精力在学习上，学习效率也必然会受到负面影响。作为班主任，可以协同各科任老师，利用适当的时机，和学生分享这些内容，帮助学生把学习动机调整到合适的水平。

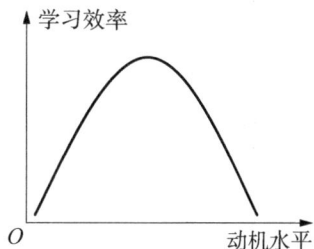

图 4-2　学习动机和学习效率的关系

（二）客观归因，重点培养内在学习动机

在漫长的求学过程中，学业受挫是绝大多数学生难以避免的，当学生在学习中遭遇挫折时，班主任可以帮助学生寻找学业受挫的原因，引导学生客观考虑内在（如个人努力、情绪调节能力、心理韧性等）、外在（如老师的指导、同学的帮助、时间管理、学习方法等）的可能原因，同时理解有些原因是可控的（如内在的个人努力程度，外在的时间管理策略等），有些则是不可控的（如内在的个人天赋，外在的考试难度、来自他人的期待等），引导学生在接受不可控因素影响的基础上，把关注点更多地放在可控的内在和外在因素上，努力做好调整。随着学生年龄的增长，内部动机会逐步成为学生主要

① Teigen K H. Yerkes-Dodson: A law for all seasons [J]. Theory & Psychology, 1994. 4(4): 525-547.

的学习动机,班主任可以根据马斯洛需要层次理论,顺应学生对尊重和自我实现的需求,通过培养他们的学习兴趣、求知欲、好奇心、荣誉感、自我价值等,激发他们的内部学习动机,让学生在每一次的进步中获得满足感和自豪感。

(三)重视反馈,帮助提升自我效能感

来自他人的反馈本身就是一种激发学习动机的行为,来自权威(家长和老师)及同伴的反馈能够帮助学生审视自己学习活动的进程,及时发现问题,明确未来的前进方向。来自他人恰当的反馈能够有效提升学生的自我效能感,比如:当学生在学习中取得成功时,班主任具体、及时、积极的反馈能够帮助他们提升自我效能感,进而增强学习动机;当其他同学取得成功并受到班主任认可时,来自他人经验的反馈也会对学生发挥榜样和示范作用,学生看到和自己水平相当的同学取得的成就,同样会受到鼓舞,增强自我信念。

(四)理性表达,引导形成合理的自我期待

在对学生表达期待时,如果能够根据学生的实际情况,给予恰当、中肯、积极的期待,通常会有效地激发学生的学习动机。作为班主任,可以利用与其他各科任教师和学生家长沟通的机会,传达这些理念:权威(家长和教师)的期待影响学生学习动机的水平,过高的期待容易给学生造成过大的学业负担,过于功利的期待(如只关注考试名次)也不利于孩子关注学习本身的动机激发。此外,随着学生年龄的增长,同伴关系的重要程度会逐渐超过亲子关系和师生关系,成为影响学生学习动机的重要因素。积极的学习动机和消极的学习动机都很容易在中学生的同伴群体中传播和同化。因此,班主任也可以从同伴交往的角度出发,在和学生沟通同伴问题时,顾及中学生爱面子、需要尊重的需求,不随意评论其同伴关系,同时恰当而善意地提醒学生,客观看待同伴对自己的影响,并努力形成自己内部、稳定的学习动机,以便最大程度地发挥同伴的积极影响,降低同伴的消极影响。

第三节　学习策略

一、简要概述

学习策略是当前教育心理学研究领域的热门课题，以往的研究表明，学生学业成就与其学习策略的掌握程度和使用水平密切相关；对于不同的学习内容，学习成绩优异的学生通常能够采用较好的学习策略，从而提高其学习效率，提升其学业成就；与之相反，学习成绩落后的学生则常常缺乏恰当的学习策略，在学习活动中体验到挫败感，表现为较重的学业负担。可见，研究学习策略的掌握和使用情况，是帮助学生实现高效学习的关键。

如何有效地学习是学生在学校中的重要课题，教育学生掌握好文化基础知识，提高学习质量是班主任的重要职责之一。班主任一方面是班集体的组织者和指导者，另一方面也是学科教学的实施者和协调者，在与班级学生和各科任教师的密切交往中，通常能够掌握班级学生的学习情况，了解学生学习中遇到的困难以及各学科的学习要求，具有开展个别化学习策略辅导的天然优势，此外，班主任还可以利用班团队课（会）开展专题教育，阶段性地根据本班学生存在的突出问题，有针对性地指导学生克服学习活动中的各种困难，从而帮助学生提高学习技能，掌握学习策略。

二、理论视角

（一）概念

目前，中外学界对学习策略的概念尚未有一致的界定，国内学者将其定义为"学习者在学习过程中积极操纵信息加工过程,以提高学习效率的任何活动"①,国外也有学者认为学习策略是引导成功地执行学习任务的认知计划。我们采纳"有助于提高学习者学习质量与学习效率的程序、规则、方法、技巧及调控方式,均属学习策略范畴"②的观点。

(二)分类

按照学界普遍认同的分类体系,"学习策略包括认知策略、元认知策略和资源管理策略三部分"③。

1. 认知策略

认知策略可分为复述策略、精细加工策略和组织策略。复述策略是指为保持对学习内容的记忆,学习者通过重复、背诵、笔记等方式,将注意力维持在学习材料上,并使其在大脑中不断重现的策略。小学阶段的班主任不难发现,从进入一年级开始,学生便逐渐能够使用重复、背诵等复述策略了。随着年龄的增加和学习内容难度的变化,学生还会逐渐学习使用较为高级的复述策略,如将学习内容进行分类归纳,然后再进行复述等。精细加工策略是指学习者通过比较,建立新知识和旧知识、新知识与新知识之间联系的策略。从小学三、四年级开始,学生能够逐渐掌握精细加工策略。组织策略是指学习者通过归类、写纲要、列图表、画结构图等,形成新的知识结构的学习策略。从小学三、四年级开始,学生逐渐掌握该策略,但该策略中诸如写纲要、画结构图等具体方法的使用难度较高,仍然需要老师给予针对性的指导。

2. 元认知策略

元认知策略包括计划策略、监控策略和调节策略,是较为高级的学习策略,需要调动学习者多种意识、行为参与学习过程,包括制定学习计划、在学习活动中反思并及时调整学习计划或学习方法等。有研究表明,中学阶段是元认知策略发展的关键期,此

---

① 邵瑞珍. 教育大辞典教育心理学卷[M]. 上海:上海教育出版社,1990:272.

② 刘电芝,黄希庭. 学习策略研究概述[J]. 教育研究,2002(2).

③ Mckeachie W J, et al. Teaching and Learning in the College Classroom:A Review of the Research Literature [M]. MI:University of Michigan,1987.34.

时学习内容增多、学习难度加大，学业成绩和复述、背诵等简单学习策略的关联性相对减弱，但和计划、监控、调节等元认知策略发展的水平呈现显著的正相关，也就是说，对于中学生而言，他们掌握和使用元认知策略的水平越高，通常学业成绩也会越好。

所谓计划策略，是指认知活动前的各种计划，也就是根据认知活动的目标预先进行具体活动的策划，如预测完成学习任务所需要的时间，根据学习目标搜集相关资料，制定考试复习计划等。计划策略通常包含预测结果、制定目标、选择策略、分配时间、拟定细则等环节。所谓监控策略，是指在认知活动中，及时反馈、评价自己认知过程中的结果和不足，正确评估自己达成认知目标的程度和水平，如在复习中监控复习计划的完成度、在考试中监控自己的做题速度等。所谓调节策略，是指根据监控的结果，及时调整、修订目标、计划、思路、方法等，如在复习阶段加强在弱势学科的投入时间，在使用某种方法解题无效时及时采用其他方法尝试解答等。

计划策略、监控策略和调节策略三者相互关联，共同促进学生的学业表现。其中，计划是学习活动的起始环节，计划策略是元认知策略的基础，没有计划，监控和调节也就无从说起；监控有助于学生及时发现问题，减少学习活动的盲目性和不合理性，有助于学习效率的提高；调节则是在监控的基础上，选择最优的方法，对学习要素进行合理配置。一般而言，小学阶段的学生难以全面掌握元认知策略，他们会逐渐产生调节自己学习方法的想法和行为，但由于自我控制能力尚未发展完全，因此直至中学阶段，其自我监控的主动性和持续性仍有所缺乏，例如在制定学习计划后，无法很好地监控自己按计划完成每天的学习任务，需要教师加以耐心地指导。

3. 资源管理策略

资源管理策略是辅助学习者管理可利用资源、环境的策略，包括时间管理策略、学业求助策略、学习环境设置策略等。时间管理策略是指学习者统筹规划并合理利用学习时间以完成学习任务的策略，如高效利用最佳时间、灵活利用碎片时间等，在小学阶段，学生还不能很好地掌握该策略，随着年龄增加，则能够逐渐变被动为主动地进行时间管理。物力资源利用策略是指学习者利用各种途径，获取学习资料，促进学习活动的策略，如通过搜索网站资料、借阅图书资料等资源促进学习。学业求助策略是指学习者寻求同伴、老师和家长的帮助，以完成学习任务的策略，小学阶段的学生便能够逐渐有意识地寻求帮助,加深对学习内容的理解,但在中学阶段,随着青春期的到来,自我意识进一步发展,部分中学生往往不愿意向别人,尤其不愿意向老师求助,需要老师给予充分的理解和鼓励,让他们逐渐认识到,必要的学业求助,对于自己的学习和未来的发展是非常重要的。注意和努力策略是指学习者克服学习过程中的干扰和困难,通过意志努力和自我激励,把注意力集中在特定的学习任务上,如适当的设置自我奖励的目标,自我激励的集中注意力资源等,该策略对于学业成绩具有很大的影响。学习环境设置策略是指学习者调节学习环境和学习空间以促进学习活动开展的策略,包括选择适宜的温度、明亮的光线、流通的空气,恰当摆放学习用品等,这样的学习环境有助于学习。相反,嘈杂、不适、压抑的环境则会影响学生的学习情绪。

三、辅导建议

案例

新学期开始,赵老师新接任六年级 3 班的班主任。最近,班级里几位同学的学习状态引起了赵老师的关注:这几位同学平时在班级里并不起眼,既没有特别突出的表现,也从来不惹事生非,上课认真听讲,按时上交作业,但学习成绩始终平平,甚至处于中等偏下。赵老师仔细观察后,发现这几位同学在课堂上很少举手发言或参与讨论,课后也常常静悄悄地待在座位上,不怎么和其他同学、老师交流。赵老师试着和几位同学的家长联系,了解情况后得知,他们还有一些共同的特点,比如在家通常要花很长的时间来完成作业,虽然都很认真、努力,但学习的效率并不高,新学期开始时也会学着制定学习计划,但通常坚持不了几天就束之高阁难以执行,对此,家长也感到既着急又无助,希望老师能够给予学习方法方面的指导。

对于赵老师任教的初中阶段学生而言,能够制定学习计划、实施学习计划、对自己的学习计划的进展情况进行监控、及时根据反馈调整和改进学习计划,需要具备一种非常重要的能力,也就是元认知能力。所谓元认知能力,是指学习者对自己的认知过程及结果的意识和控制,简单来说,元认知就是对自身认知的认知。由元认知引申出的元认知学习策略,包括对自己认知过程的计划、监控、调节、评估等,对于中学阶段的学习是非常重要的。和小学阶段的学习不同,简单的重复、背诵等学习策略不足以应对日益复杂的学习任务,缺乏恰当的学习策略,会直接影响中学时的学业表现。赵老师在了解和分析了几位同学的情况后,决定有针对性地开展一次和优化学习策略有关的主题班会,帮助学生理解和掌握元认知策略及其他有效的学习策略。

作为班主任,想要帮助学生提升学习策略,可以从以下几个方面着手。

(一) 教会学生制定科学合理的学习计划

一份完整的学习计划应该包括学习目标、学习内容、时间安排、实施办法等要素。班主任可以鼓励学生们根据自己的实际情况合理设定学习目标,对于学习内容,可以根据不同学科的特点、老师的教学进度进行合理的规划;同时,建议同学们在制定学习计划时,不要把时间排得太满,要预留放松、休闲和处理突发情况的时间,给自己一些机动的空间;对于学习计划的实施办法,老师还可以提醒同学们注意结合不同学科的教学要求,选择适合的学习方法,比如优化笔记、整理错题集、联想记忆、利用图表或思维导图梳理知识点等。

(二) 教会学生兼顾长期计划和短期计划

学习计划不只是一张简单的表格,每个人都应该根据实际的学习情况,制定长期计划和短期计划。长期计划如学期计划,不需要很具体,但需要有一个大致的目标和努力方向,可以根据学习过程中出现的情况随时调整。短期计划如月计划、周计划、每日计划,则需要进行细化。比如在每日计划中,可以规划好每天的学习时间和自由支配时间,在每天精力最好的时间完成哪些学习任务等,做到文理搭配和学习休息的劳逸结合。

（三）教会学生在计划的全过程中有意识地进行自我监控

班主任可以提醒同学们首先要有意识地审视学习计划的制定是否合理；在实施中，特别是遇到困难难以执行时，考虑学习计划是否符合自己的实际情况；在学习计划截止的时间点反思学习任务的完成情况，及时发现问题、总结经验。

（四）教会学生根据反馈，调整学习方法和学习进度

可以告诉学生，没有完美的计划，只有不断去完善的计划，当在学习过程中遇到困难，学习任务和计划难以完成时，应该及时根据来自老师、同学、家长或自己的反馈，调整学习方法和学习进度，如根据老师的反馈采用新的解题方法，或给自己的薄弱学科留出更多的预习和复习时间等。

（五）教会学生时间管理策略

随着学习内容和难度的增加，高效的时间管理是关系学生学业顺利开展的重要因素，班主任要教会学生在学习计划实施的过程中，统筹安排时间，根据自己一天中、一周中、一月中不同时间学习效率的情况，高效利用最佳的学习时段完成较难的学习任务，在学习效率较低的时间段完成简单的学习任务或休息放松。同时，也要提醒学生不要忽略每天的零碎时间，根据学科特点灵活地进行碎片化学习，如在零碎时间记忆单词、背诵古诗词等，这对于学习效率的提升也有着不容忽视的效果。

（六）教会学生求助，特别是学业求助

班主任可以告诉学生，一名合格的老师会永远欢迎问问题的学生，此外，同学之间也应该形成互相提问、互相讨论、互相帮助的友好学习氛围。当然，老师也要鼓励同学

们找到自己最信任、最愿意求助的对象,带着问题有针对性地解决学习中的困难。

（七） 教会学生选择恰当的学习环境

班主任应注重布置整洁、明亮的班级学习环境,同时提醒同学们在家中也要尽量在安静、明亮、舒适的环境下学习。为了确保能够集中注意力地完成学习任务,在学习时应尽可能地减少身边潜在的干扰源,包括零食、玩具、电子产品等,这些物品很容易破坏学习过程中的专注力,降低学习效率。

（八） 教会学生循序渐进地掌握学习策略

班主任可以告诉学生,采用新的学习策略和学习方法本身也是一个学习新知识的过程,在这个过程中或许自己的成绩会出现波动,或许开始时的效果并不明显,很难起到立竿见影的作用,但要有耐心,坚持不懈地去尝试,对于自己取得的每一个点滴进步都要及时自我肯定,对于学习过程中出现的问题要主动反思寻找原因,在不断地练习中,会越来越熟练地掌握这些学习策略,发挥它们提升学习效率的积极作用。

第五章

行为指导

行为是学生心理健康与道德发展水平的"晴雨表"。作为班主任,既要特别注意观察和指导学生的在校学习、人际互动与集体交往行为,还要指导家长观察学生的在家行为与社会公共行为。一般而言,学生的行为异常往往是精神疾患和心理不健康的表现。学生不良的行为习惯和不恰当的行为表达,更是班主任需要教育与指导的重要方面。本章主要聚焦中小学生较常见的多动行为、攻击性行为、网络沉溺等不良行为表现,厘清它们与相关心理疾病的区别,并为班主任该如何指导这些问题行为提供建议。

第一节　多动行为

一、简要概述

在班级里,班主任可能会遇到这样一些学生:他们坐在座位上扭来扭去,前前后后四处搭讪,喜欢插嘴,手上小动作不断,是班主任在班级组织管理工作中的重点关注对象。对于这些"活跃分子",班主任首先需要考虑的就是他们是否患有多动症。多动是多动症的症状之一,但并非所有多动行为都是多动症,只有排除了多动症,才能以班主任的行为指导作为主要辅导方式。多动症即注意缺陷障碍(attention deficit hyperactivity disorder, ADHD),是儿童和青少年时期常见的行为障碍,是造成很多学生适应不良、学习不佳的主要原因之一。多动症作为常见的神经发育障碍在学生中发病率很高,但真正要诊断多动症并不简单,需要全面地观察和专业医生综合诊断。

二、理论视角

国内外医学界对多动症已经进行了大量的研究。国家卫健委在 2020 年出版的《精神障碍诊断规范》中对注意缺陷多动障碍有详尽的介绍。多动症的主要症状是：注意缺陷、多动和冲动，其中注意缺陷是多动症的核心症状。如果一个学生活泼好动，但注意力上没有问题，就不能诊断为多动症。相较于多动和冲动的显性特征，注意缺陷更具有隐蔽性。

注意缺陷可以表现为上课时不能长时间听讲，容易分心，总是被无关紧要的事吸引。做事情虎头蛇尾，完成作业困难，写了一会儿就去做别的事：玩橡皮、翻笔袋、捣鼓铅笔……常常需要花比同学多出几倍的时间才能完成作业。作业质量不高，粗心大意，马马虎虎，不能注意细节。说话的过程中，经常出现好像没听见或者突然转移话题的现象。有些家长提出：孩子在看电视、玩游戏时往往可以专注很长时间，注意力没有问题。像电视、游戏这类高频、高刺激下的注意属于无意识注意，是应对刺激的本能反应，并不能说明注意力的实际情况。而重复、乏味、需要较长时间完成的学习任务才是对孩子注意力的真正考验。

多动、冲动的症状具体表现是：学生在座位上坐不住，手脚不停地动来动去，喜欢离开座位；课间，在教室里、走廊里跑来跑去、大声喧哗；话多，喜欢插话，常常不等老师同意，抢着发言；经常不经同学允许，擅自拿别人的东西。有时表现执拗，强使别人按照他的意愿行事。多动、冲动的行为特点在很大程度上会影响学生的同伴交往。

多动症不仅影响学生的学习生活，而且诸多的问题行为会影响学生的社会适应，造成自尊心过低等问题，甚至影响健康人格的形成。因此，尽早地发现问题，尽早地进行干预，对多动症的治疗是非常重要的。

三、辅导建议

案例

　　一年级的小袁是个内向的小女孩,有些畏生,遇到不熟悉的老师总是躲得远远的。熟悉了之后,她会笑眯眯地小声和老师打招呼,眼里闪着亮晶晶的光彩。发现她的不妥是在半个学期之后,孩子们开始完成一些书面作业,小袁总是拖拖拉拉,完成不了。找她谈心,她很乖巧地说知道了,可是之后的完成率依旧很低。从旁观察,也没发现她在玩什么别的东西。于是就和她的妈妈取得了联系。家长很重视,答应会配合好老师帮孩子养成良好的学习习惯。有了家长的介入,针对完成作业的要求小袁积极了不少,但是她的学习状况依然不容乐观,做事错误率很高。妈妈也很着急,跑来学校和我交流了一个情况:她在家帮孩子辅导作业时,发现小袁总是说不清今天到底学了些什么,对于老师布置的作业她也是云里雾里,搞得自己只能每天在家重新再教她一遍。日日如此,妈妈也忍不住发脾气,孩子哭着说不喜欢上学了,不肯来学校,搞得家庭气氛也很紧张。妈妈很好奇孩子在课堂上到底表现如何,这个问题一时间住了我。平日里,小袁并没有什么特别淘气的地方,除了有时有点坐不住,并没有什么大问题。我答应她妈妈平日里多留意孩子的表现。

　　没过两周,还没等我再联系,她妈妈又来到了学校。她拿出一份病例诊断说小袁有多动症。我很诧异,在学校里,小袁不吵也不闹怎么就多动了呢?原来经过诊断,小袁有注意力缺陷。也就是说看上去她在听课,可小脑瓜已经跑出十万八千里了。既然知道了孩子的症结,我们马上调整了对孩子的辅导方案。在校内,老师积极关注,课堂上多邀请她参与互动活动;学习要求上,分层递进,缓坡提高;看到她有进步就及时表扬、多多鼓励。在校外,她还参加了一系列的感统训练。在大家的帮助下,小袁品尝到了学习成长的乐趣,再也没有不想上学的念头了。

ADHD 作为一般儿童学习障碍的最主要原因,困扰着很多孩子和家庭,班主任在以下五个方面积极采取行动对他们会很有帮助。

1. 正视问题,医教结合

据统计,全球约有 6%—9% 的学龄儿童受到多动症的影响,我国多动症的患病率约为 6.3%,即约有 2 300 万多动症患儿。但是在日常生活中,还有许多家长没有及时发现多动症的危害。有的家长认为孩子多动是天性,长大了自然会好,对孩子的行为听之任之。也有的家长认为孩子的不良行为是因为不听话,太淘气,缺乏管教造成的,把责任推给隔代教养的祖辈或者某个家庭成员。这些观点都不利于孩子问题的解决。我们需要科学地面对多动症这个问题。

目前,最佳的治疗方案是药物治疗和行为干预相结合的方法。药物治疗的过程中会引发一些生理反应,比如胃口不好、精神不济、消瘦等。这些不良反应会让家长对于药物的使用谈虎色变,避之不及,也给多动症的治疗增加难度。但殊不知,这种运动机能亢进的神经行为障碍,药物的介入是不可或缺的。随着医学的发展,药物的使用已经进入一个更安全的阶段,班主任需要鼓励家长谨遵医嘱、足量足疗程地科学用药。

除了药物的介入,家庭教养方式上的调整也是必不可少的。现代家庭,孩子往往是一个家庭的中心,父母、祖辈,四五个人围着孩子转是常有的事。一旦孩子出现一些问题,会牵动所有家庭成员的心。大家对这个问题都会有自己的经验和看法。在这个考验面前,家庭成员各执一词,互相责怪只会让问题更加糟糕。班主任可以主动搭建平台引导家庭成员在充分交流的情况下,彼此支持,达成共识,一起来面对这个问题。

2. 外化问题,减少压力

行为上的偏差和学习成绩上的落后使得患有 ADHD 的孩子在集体中受到的关注和批评要比一般的孩子多得多。别看他们大多大大咧咧、我行我素,但在孩子的心中往往会产生落差。哪怕这些孩子主观上有改变的意愿,但行动上难以落实,更加深了孩子的无力感,不利于问题行为的矫治。

如果班主任可以引导学生把多动的缺点外化出来,让学生发现自己受到关注和批评是因为身上有个叫"多动症"的小淘气在影响他,那情况就会产生一连串的变化。

师：老师发现你坐着的时候总是扭来扭去，好像很不舒服，这是什么样的感觉呀？

生：屁股会痒痒的，很难受。

师：好像痒痒的屁股一直在影响你坐端正这件事，是吗？

生：嗯。

师：就好像有一个很淘气的小家伙一直在影响你，如果你可以给他起个名字，你愿意叫他什么呢？

生：不知道，可以叫他痒痒屁屁。

师：哦，真有意思，他叫痒痒屁屁呀。他什么时候跑出来影响你，什么时候他又会休息呢？

生：上课的时候他就一直跑出来，我搭模型、看电视的时候他会休息。

师：啊，我明白了，痒痒屁屁不是一天到晚会跑出来的，他也是需要休息的。你喜欢他休息的时候，还是喜欢他跑出来的时候呀？

生：我喜欢他休息的时候，他很听话。

师：哦，看来你也希望他能够多休息休息，少跑出来给你捣乱，是吗？

生：是。

师：那有没有这样的时候，痒痒屁屁跑出来了，你告诉他要他去休息，他很听话的呢？

生：有的。

师：真的呀，太棒了！那是怎么发生的呢？

生：有一次我们练习坐，要坐得很端正，痒痒屁屁就来了，我就跟他说不许捣乱，你要听话。他就乖乖地投降了。我还拿到了小班长给的小红花。

师：（鼓掌）哇，太棒了！痒痒屁屁投降啦，真厉害！那在这次胜利里，你对自己以后怎么和痒痒屁屁相处，有什么经验吗？

生：我可以大声跟他说，他就会听话。不过，他有时也不太听话的。

师：哦，我明白了，大声一点好像你会更有力量一些，痒痒屁屁就会听话，你也是一个有办法的孩子，真好。那如果遇到痒痒屁屁特别调皮的时候，你希望老师怎么帮助你，让你更好地管理他呢？

生：可以让我站一会儿，站一下舒服了，就不痒了。

师：我明白了，如果我看到你扭得厉害，那是痒痒屁屁特别不听话的时候，我可以让你站一会儿，你就可以管住他了，对吗？

生：是的。

外化学生身上的问题，不是为了让学生逃避责任，而是把问题和学生区分开，拉开一些距离，让学生来审视问题的产生和对于学生本人的影响。在"我不是问题，问题只是问题"内核思想的影响下，看到学生在问题影响下依然做出的努力，哪怕这个努力的力量非常弱小，都是学生向上的生命力，非常宝贵。能被他人看见，会大大促进学生改善问题的动力，而不是让学生限制在问题中，被问题捆住手脚，无能为力。

3. 规范训练，正向激励

在一个集体中生活，孩子们需要遵守许多规则来规范自己的言行。完成一项任务，孩子需要强而有力的执行力和平稳持久的专注力，这些对多动症的孩子都是一个个难题，老师需要看到孩子们的差异性。在日常的学习生活中，班主任特别要注重正向强化，不要放过多动症孩子进步的蛛丝马迹，哪怕只是短暂的一时消停、微不足道的进步，都值得我们大大地去肯定他们。在行为训练的过程中遵循"小目标、短周期、正激励"的方式，允许孩子出现反复、出现失败。

遇到孩子出现不良行为时，老师可以巧用手势、眼神加以提醒。比如发现孩子在下面做小动作，可以不动声色地走过去，帮孩子把小手拿出来，摆摆好；发现他在下面说个不停时，可以把食指放在唇前做个止语的动作；也可以在适当的时候，走到孩子身边小声地提醒。这些做法最大限度保护了孩子的自尊，减少了行为不良带来的衍生伤害。

4. 积极运动，助力社交

有研究表明，多动症主要与执行功能障碍有关。班主任要积极鼓励患有多动症的孩子多运动，建议家长合理地安排一些体育运动。多动症的孩子除了自身的一些问题外,在和同伴交往时也常常伴有侵惹行为,使得他们在同伴交往中也会出现一些问题。由于多动症的孩子在班级生活中犯错的概率比较大,因此在小伙伴的群体里他们并不是理想的玩伴,久而久之,会出现被边缘化的现象。班主任要有意识地发挥这些孩子的长处,鼓励他们为班级做事,为小朋友服务,创造孩子们互动的机会,并且在互动的过程中引导多动症儿童合理地控制自己的情绪,体验集体生活的乐趣,建立归属感,这对于多动症儿童的行为矫治有着非常积极的意义。

5. 专业介入,心理护航

多动症作为一种心理疾病,治疗的效果并不总是尽如人意的。有时对孩子的影响和对这个家庭的困扰会维持很长的一段时间。在精力有限的情况下,班主任可以邀请学校的心理老师一起参与到对孩子的帮助中,让心理老师从他的角度给孩子更多的支持。心理教师的工作方式和班主任的工作方式会有所不同,班主任要信任心理教师的专业能力,给予其一定的空间。我们相信丰富孩子的关系网络,加强孩子的支持系统,对孩子的成长是很有裨益的。

第二节　攻击性行为

一、简要概述

攻击性行为是指伤害别人,且不为社会规范所许可的行为。攻击性行为是儿童时期较常见的问题行为。攻击性行为不仅不利于自身的健康成长,影响其认知和人格的发展,也会给他人和集体带来伤害。对于班主任来说,学生的攻击性行为会伤害到周边同学,影响班级集体,危害巨大,是必须要制止和杜绝的。

攻击性行为不同于校园欺凌事件。有学者认为,"校园欺凌(school bullying),一般须满足以下标准:1.蓄意的(hostile intent),欺凌者有伤害对方的主观意愿;2.力量不对等(power imbalance),欺凌者和受害者存在力量上的不对等,包括身体、心理等方面,并对受害者施加影响;3.重复性(repetition),欺凌行为不仅仅只发生一次,已经发生多次或者在未来有可能继续发生"。① 攻击性行为是一个社会心理学概念,与挪威学者奥维斯关于欺凌的定义"一名学生长期反复地受到另外一名或多名学生的负面行为的影响"中的"负面行为"基本一致,即故意伤害或致力于使他人遭受痛苦、伤痛或不适的行为。

为了避免攻击性行为的发生,班主任不仅要关注学生的思想动向,进行人文关怀教育,还要营造温馨的班级环境,培养学生正向的社交技能和同理心,及时做好心理疏导和教育引导工作。

二、理论视角

每个孩子在儿童时期的发展过程中都或多或少会出现不同程度的攻击性行为。3—5 岁的儿童处在以自我为中心的阶段,假如发生类似被撞或者东西被拿走等情况,孩子会将之解读为敌意,就很容易出现攻击性行为。

对于稍大一些的低年级学生,带有攻击性的追逐打闹是他们颇为喜欢的游戏方式。在课间,只要一有机会,学生就会在操场上、走廊里互相追逐、拉扯、推搡,乐此不疲。这也是这个年龄段学生伤害事故频发的主要原因。随着班主任的教育,学生之间的攻击性游戏会受到一定程度的抑制。在班主任不断的引导下,学生的攻击性会逐渐进行转换,转换为对外界的好奇心和探索欲,成为正向的力量。

如果在这样的情况下,有些学生的攻击性行为不见转变,依旧频发,这就值得班主任去了解是什么支持着学生继续用攻击行为应对他的需求。班杜拉曾提出:人类的许多行为都是对他人的有意识和无意识的模仿。孩子的行为方式可能是对电视、游戏中某个角色的模仿,带有一定的英雄崇拜情节;可能是与同伴游戏时的行为模仿,在不断升级后成为攻击行为;可能是家庭成员互动情形的耳濡目染,折射了他的家庭教育状况;可能是同伴交往需要无法得到满足,随之产生的攻击行为……在诸多原因中,家庭的教养方式对孩子的行为影响是最大的。其中,宠溺型家庭的孩子以自我为中心,缺少对他人的同理心;而专制型家庭对于孩子的个体需要比较忽视,也容易导致孩子

---

① 陈冬尔.外国中小学校园欺凌问题及治理对策研究[D].上海:上海师范大学,2020.

攻击性行为的出现。

特别值得班主任注意的是"排斥"现象。攻击性行为是个负性循环,学生 A 因为攻击性行为或者其他缺点受到同伴的排斥,"排斥"会大大影响同学 A 的个体归属需要,个体归属需要得不到满足又会导致学生 A 消极行为的增加,进而导致其攻击性行为增多。还有一种情况也与"排斥"有关,就是校园欺凌。如果发现有学生受到孤立,同学对他有敌意,哪怕只是氛围上、言语上的,都要引起班主任的警觉,积极地做出引导,及时地进行干预。

三、辅导建议

案例

一年级的小许同学活泼好动,是个讨人喜欢的小男孩。但是开学没多久,他就闯了一个大祸。那天我在教室里安排小朋友午餐,就看到一个小女孩跑进来,对着我大叫:"王老师,小许把人家的头打破了。"这么严重!我赶紧放下手上的事情,跑到小朋友盛汤的地方。只看见小许气呼呼地站在那里,脸涨得通红,嘴紧紧地闭着,手里死死地拽着一个残破的汤碗。那个塑料碗已经碎成了两三瓣,看着破碗的缺口,我心惊不已。"小许,把手里的碗给王老师,待在这里等我!""那个受伤的同学呢?"我问身边的小女孩。"已经有人扶他去医务室了。"待我跑到医务室时,卫生老师已经带着那个男孩奔向医院去做紧急处理。等我一圈跑回来,小许静静地站在原地,面对着周围同学的指指点点,他倔强地扭着脖子。我拉起他的小手说:"跟王老师回教室。"这时,他着急地大叫:"是他先骂我的,是他先动手的!"我安排他先吃饭,吃好再谈。

午餐管理结束,我趁着课间休息,把小许拉进了办公室。一进办公室,就有老师围过来问:"就是他把人家头打破啦? 太吓人啦!"我没多说什么,赶紧去受伤小朋友的班主任那里了解情况。得到的消息是孩子头上的口子挺深,缝了三针,现在家长已经把他接回去了。她给我提了个醒,他们家长反复强调要好好处理伤人的同学。是呀,家长的心疼和不满可想而知。那怎么处理我班上的这个"罪魁祸首"呢?我回到小许身边,看着他低垂着脑袋、沮丧的样子,心里也是无奈。我小声问:"现在你能说说到底发生了什么事吗?"原来小许拿着碗去盛汤,看到盛汤的队伍很长,中间空了很大一段,于是,他就站在了那个空缺的地方。后面有个小男孩批评他,说他插队,他觉得自己没有插队,两人就吵了起来。小男孩想把小许推开。小许就拿起手中的汤碗还击。"我明白了,你们之间因为插队的事情吵了起来,那你知道排队的规则是怎样的吗?"小许看着我,一时语塞。我向他解释:排队必须从看到的队伍的最后一个人后面排起,不管什么原因,排在队伍的中间,都称为插队。插队不是一个好行为,的确是要被批评的。但是我知道是因为小许不知道怎么排队,所以才闹出了这个误会,我愿意相信他是会好好排队的。小许重重地点点头。

接下来我们又讨论了他拿碗砸同学的举动。当我告诉他那个小男孩头上缝了三针之后,他露出了担心、懊恼的神情。

"缝针很疼的,我打过针,很疼的。"

"你看你把同学砸伤了,头上砸了那么深的一个口子,那得多疼啊。为了处理好伤口,他还要缝针。你看,因为你的这个举动,他吃了那么多的苦头,你现在是怎么想的呀?"

"我想去看他,我要跟他道歉。"

"是的,做了错的事情,的确需要去道歉。而且王老师觉得没有事先跟你讲清楚排队的规则,王老师和你的爸爸妈妈也有做得不好的地方,我们商量一下一起陪着你去道歉好吗?"

"好的。"

看着他逐渐展开的眼眉,我知道小许明白自己做错了,也愿意为自己的错误承担后果,他紧张的心也慢慢放松了一些。晚上,在和双方家长沟通之后,由我和小许的爸爸陪着小许一起到受伤的同学家里真诚道歉。受伤孩子的班主任也连夜去看望了他,这件事情才平息下来。

突发事件被妥善处理了，但是之后小许和同学之间的冲突接二连三地冒了出来。他的攻击性行为愈发显现出来。班主任该如何引导和矫正孩子的攻击性行为呢？

（一）把问题和人分开

攻击性行为的破坏性很大，带来的负面影响很深。班主任要有能力把具体的行为和实施的儿童区分开来，不能将攻击性行为等同于这个孩童本身。把行为归于行为，把孩子当孩子来看。

根据之前的分析，我们会发现攻击性行为形成的原因是复杂的，儿童出现攻击性行为，并不能简单地说是他自身出现了问题，问题的根源往往在于更深层的需求。班主任需要用发展的眼光去看待这样的孩子，也需要看到攻击性行为给孩童自身带来的伤害。攻击性行为矫正的过程困难重重，反复性很大。简单地说，就是相似的错误一犯再犯，容易伤害到身边的人。坐在他周围的同学，愿意和他一起玩的同伴，要不了多少时间，都会对他敬而远之。在一个个冲突矛盾的旋涡里，他的愤怒、不满情绪来得特别强烈，事后的懊恼和悔恨也是异常真实。以小许同学为例，有一次课间，老师看见小许正把一堆学习用品——文具盒、书本和书包从窗户扔到走廊上，旁边是一个小女孩尖声指责的声音。

老师赶紧跑过去制止："不可以扔东西，你怎么回事？干吗扔别人东西？"

小许理直气壮地说："她在我旁边叽叽喳喳的，烦死了，我不喜欢她，我把她的东西都扔出去，把她人也扔出去。"

听了他的解释，老师也气不打一处来。"你不喜欢她就想把她扔出去，那你现在做了不该做的事情，我也不喜欢你了，我能不能把你扔出去呀？现在我要你回到自己的座位上，好好冷静一下，等一会儿我找你谈。"

小许气鼓鼓地回到自己的座位上，一屁股坐了下来。可是没过多久，我就看到他从自己的椅子上弹了出来，摔落在旁边的空地上。他一咕噜爬起来，坐回到座位，没过多久又从椅子上弹了起来,摔在了一边。这是怎么回事呢?

"小许过来,刚才怎么了? 椅子有什么问题吗?"

"我也不喜欢我自己,我想试试把自己扔出去!"他认真地回答。

听了他的话,老师的心像是被狠狠地扎了一下。他给自己带来的痛苦,一点儿也不比他带给身边人的少呀。教育者需要一直坚信孩子是可以被改变的,那么把问题和孩子分开是必要的前提。孩子有攻击性的行为,这只是行为,是可以被引导、被教育、被矫正的,这不代表他是喜欢攻击的人。只有把问题行为和人分开看待,才能让教师坚定地相信自己的一切努力都是有意义的,并且是有实效的。

(二)积极探寻原因

攻击性行为的成因复杂,面对每一个具体的对象,班主任都需要带上好奇去深入了解孩子攻击性行为形成的原因。如果能找到主要原因,就能够有的放矢地制定矫正计划,更有效地对孩子的攻击性行为进行干预。

班主任和学生沟通的初始目的要设定为疏导学生情绪,给学生机会把自己的负面情绪表达出来。班主任积极地倾听,可以让孩子慢慢地把情绪倒出来。只有孩子感觉到被老师理解了,他才有可能听进老师的话,才能启动他们的理性思考。班主任需要引导学生看到他们重视的内涵到底是什么,与他们一起探讨珍视的意义和价值,从而找到更好的解决问题的办法。

对于学生的攻击性行为,班主任可以和家长一起去探索、了解孩子行为背后的意图和需要。是否是因为幼儿时缺乏安全感,或者是近期有一些创伤性的事件刺激到了孩子,也有可能是大脑发育不良或一些病理性的原因造成的。找到内在的原因,看到深层的需要,老师对孩子的辅导才能起到实效。

(三)改变环境影响

孩子是生活在一个丰富的关系网络之中的,密切联系人的言行对孩子的影响巨大。有很多男孩就受到过父母这样的教育:要做男子汉,要会保护自己,遇到欺负自己的同学要打回去。孩子认为"打"是解决问题的有效方法,于是遇到矛盾、分歧,他们就用武力来解决。要改变孩子的认知,首先要统一老师和父母的想法,只有父母和老师达成共识,孩子才能清楚地知道怎么做才是对的。

同伴的行为对学生的影响也不容忽视。班级中有可能会出现一些同学特别喜欢去招惹易激惹的同学,看到他们抓狂、失控,会让这类同学有一定的成就感。对于这样的学生,班主任要及时发现,进行教育,制止他们的挑衅行为。

(四)学习情绪宣泄

有攻击性行为困扰的学生往往情绪的波动要比同龄人剧烈很多。同样的事件,别的同学可能轻描淡写,觉得没什么大不了的,但是,对这些同学就会引起强烈的情感体验,引发过激的动作反应。帮助这些学生了解自己情绪的特点,学习疏导情绪的方法也是老师们要重视的事情。根据学生不同的年龄特点,班主任可以适当推荐一些平复情绪的方法,比如暂停 10 秒钟,深呼吸,说出自己的情绪体验,离开刺激源等,也可以让学生学习一些安全的情绪宣泄方法,给情绪一个合适的出口。

班主任要有能够稳定自己情绪的能力。每一次攻击性事件的发生,都带有较为严重的破坏性,班主任在处理事件的当下,一定要关注自我的情绪,不要带着强烈的个人情绪去处理问题,而是要等自己情绪稳定之后,再做处理。

(五)关注正向激励

在班级中,一个有攻击性行为的孩子往往是不受欢迎的。同学们会自发地和他保持距离,并给他戴上"坏孩子"的标签。家长也会提醒自己的孩子不要与他多接触,以免无辜受牵连。一来二去,该学生的团体适应状况就会受到影响。不被团体接纳,反而更容易触发学生的攻击性行为。作为班主任就特别需要能发现这类孩子的特长和优点。小许同学很喜欢画画,班主任就创造机会请他带作品来班级展示,并推荐给美术老师,鼓励他参加绘画比赛。他挺乐意劳动的,就请他多帮助小朋友整理图书,整理餐具。他看到帮同学的忙可以让同学愿意跟他互动,于是就更热衷于为同学做好事。小朋友们也会说:"不发脾气的小许其实挺好的。"有了同学们的认可,小许也就更愿意控制自己的脾气。

(六)建立支持网络

班级里存在有攻击性行为的孩子,就像被安了一颗不定时炸弹,时不时会出现各种各样的问题,这对班主任的考验是巨大的。就拿小许来说,除了打人、推人之外,他还有用铅笔在同学的手背上戳出血洞洞,抓女同学的头发,揪下了一大把,和同学玩,结果把人家脸上、手臂上抓出一道道血口子等让人无法预料的伤人行为,这些都只能靠班主任的及时制止,反复教育,不停地处理来解决。班主任工作的强度和难度是不可计量的,这时班主任也需要学会为自己找到盟友,释放部分的压力。当这些攻击性行为发生时,老师的情绪也会受到极大的影响,有了盟友的支持和倾听,可以很快让自己平稳情绪,更理性地处理问题。

盟友可以是平时比较聊得来的教师朋友,可以是比自己更有经验的老师,也可以是分管自己工作的上级领导,还可以是该学生的父母。在和家长建立了良好的沟通关系以后,对王老师支持最多的就是小许的父母。有几次,在和家长沟通之后,是他父母的支持让王老师稳定了情绪,有底气去处理这些棘手的事件。

积极地和家长多沟通,可以让家长及时了解孩子在学校发生的状况,重视孩子遇到的现实问题,以合作的方式对孩子进行教育和引导。对于班主任,有了周围的支持网络,可以感受到自己不是一个人在战斗,有后盾可以依靠,有智者可以一起想办法,有团队可以一起面对。

第三节　网络沉溺

一、简要概述

如今,孩子们接触电子产品的时间越来越早,参与网络生活的年龄线也提前了,但有一些孩子控制不住自己，一玩起游戏来就停不下来，一坐到网吧里就不想回家。你让他学习，他总喊困和累；你让他打打游戏、上上网却精神头十足。

有学者认为，"从行为心理现象上讲，'沉溺'是一种持续性强迫且具有伤害性的物质使用行为，一旦停止，就会出现焦虑、颤抖、沮丧和绝望等'退缩症状'"①。WHO将"成瘾"定义为"由于反复使用某种药物（天然药或合成药）而引起的一种周期性中毒状态。它的表现有强迫性用药并不择手段地去获得它；耐受性，即药量有加大趋势；对该药的效应产生身体依赖性，停止用药则会有生理上的不良反应"②。可见，成瘾比沉溺更为严重，原因在于它的"不择手段"（具有道德意蕴）以及耐受性。"成瘾严重的个体很难顾及一个正常社会人的各种责任和义务，会使家庭、工作都受到严重损害，甚至做出违法犯罪行为"③。

有学者认为，"网络沉溺指的是上网者由于长时间和习惯性地沉浸在网络时空当中，对电脑互联网络以及整个网络世界的一切都产生了强烈的需求，甚至达到了痴迷、难以自我摆脱的行为状态和心理状态"④。可见，网络沉溺的实质在于作为网络行为活动主体的人丧失了自主性，蜕变为网络的奴仆。有学者认为，"网络成瘾指的是上网行为冲动失控，且这一行为失控并没有导致成瘾的物质的参与，表现为由于过度使用互联网而导致个体明显的社会、心理功能损害"⑤。网络成瘾虽不涉及任何具有直接生物效应的物质，是以某些强烈心理和行为效应为基础的，但反复从事这些行为，会导致个体痛苦或影响其身心健康与正常的社会功能。班主任需要特别关注学生网络沉溺现象，并给予科学引导。

二、理论视角

中小学学生沉溺网络容易导致意志消磨，自控能力减退，进而导致学习成绩下降，

---

① 何艳萍. 青少年网络游戏沉溺及其道德教育[D]. 长沙：湖南师范大学，2006.

② 崔丽娟. 青少年网络成瘾的界定、特性与预防研究[D]. 上海：华东师范大学，2005.

③ 崔丽娟. 青少年网络成瘾的界定、特性与预防研究[D]. 上海：华东师范大学，2005.

④ 何艳萍. 青少年网络游戏沉溺及其道德教育[D]. 长沙：湖南师范大学，2006.

⑤ 崔丽娟. 青少年网络成瘾的界定、特性与预防研究[D]. 上海：华东师范大学，2005.

人际交往不良。网络游戏的冒险刺激，网络交友的舒适放松，网络内容的新鲜诱惑都会加剧他们对网络的依赖，使之更加沉溺其中。有学者认为，"青少年的自我中心思维、分离—个体化过程、虚拟自我、自我认同、依恋关系、人格、应对方式、心理弹性、生活压力等与其互联网服务偏好、'网络成瘾'之间存在着密切联系"①。

有学者认为，"网络沉溺形成的相关因素有行为主体的自身因素、客观环境因素、主体的社会关系和互联网自身特征"。"在这四类因素中，主体的自身因素是最为根本的，它直接导致了主体产生一些需求；环境因素则不仅可能加强或者减弱这一需求，同时还为网络沉溺提供了必要的物质条件；社会关系不仅是导致网络沉溺形成的最初原因，而且在网络沉溺形成的过程中起着催化剂的作用，促进或阻止主体成瘾。当主体具有了现实难以满足的需求以及能够接触到互联网之后，互联网本身的特性就会对主体产生影响，从而导致主体网络沉溺。"②

网络沉溺是怎样发生的呢？杨（Young）提出了 Anonymity（匿名性）、Convenience（便利性）和 Escape（逃避现实）的"ACE"模型。戴维斯（Davis）提出"认知—行为"模型，其中中心要素是"非适应性认知"，这是导致网络沉溺的直接原因，"非适应性认知"既可被自我认知，也可被对世界的认知打破。格罗霍尔（Grohol）提出阶段模型，认为使用网络大致要经过三个阶段，即着迷（困惑）、觉醒（回避）、平衡（常态），新用户更容易陷入"成瘾"，少数的人需要帮助才能达到第三阶段。因此，当学生沉溺网络时，班主任以及成人的帮助非常重要。有学者在综合上述模型的基础上，提出了"网络沉溺的主体模型"，认为"网络沉溺的主体是人，各种因素都需要对人这一主体产生影响，然后才能在其他方面影响网络沉溺"③，具体内容如图 5-1 所示。

《中国精神障碍分类与诊断标准第 3 版（CCMD-3）》对成瘾综合征的界定是"反复使用某种精神活性物质导致躯体或心理方面对某种物质的强烈渴求与耐受性"。反复使用某种精神活性物质，其行为表现至少包括下列中的两项：有使用某种物质的强

---

① 雷雳. 青少年"网络成瘾"探析[J]. 心理发展与教育，2010,26(05)：554—560.
② 王晴川，周群. 网络沉溺形成机制探析及相关模型建构[J]. 现代传播（中国传媒大学学报），2012,34(08)：113—116.
③ 王晴川，周群. 网络沉溺形成机制探析及相关模型建构[J]. 现代传播（中国传媒大学学报），2012,34(08)：113—116.

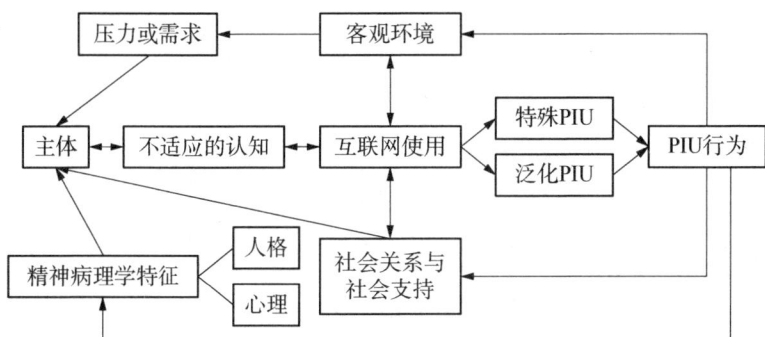

图 5-1　网络沉溺成因分析

烈欲望；对使用物质的开始、结束，或剂量的自控能力下降；明知该物质有害，但仍使用，主观希望停用或减少使用，但总是失败；对该物质的耐受性增高；使用时体验到快感或必须用同一物质消除停止应用导致的戒断反应；减少或停用后出现戒断症状；使用该物质导致放弃其他活动或爱好。网络成瘾不是反复使用某种精神活性物质而是行为有成瘾综合征的表现，学生是网络沉溺还是网络成瘾需要精神科医生做出诊断。

三、辅导建议

案例

小林是一名初三的男生，头脑聪明，思维灵活，刚入初中，曾是年级前几名。后父母离异，他跟随父亲生活。父亲常年在外地做生意，经常不在家，继母忙于照顾自己的孩子，无暇亦无心管他。后来他开始迷恋网络，成绩下滑至年级 200 名。虽平时较沉默，但和同龄人谈起网络游戏来滔滔不绝、如痴如醉、头头是道。从初一下学期开始，小林上课便无精打采，有同学反映他经常上课玩手机、睡觉。我注意到这些问题并找他谈话，了解到他平时大多数时间在"网"上度过，我让他注意控制上网时间，提高学习积极性。开始时有所效果，但过段时间情况出现反复。这学期刚开始没多久，小林突然无故不来上学,他母亲非常着急,跑到学校向我反映情况,原来小林前天晚上因为上网的问题和父母大吵一架,并威胁父母:"如果你们不给我上网,我就不上学!"果不其然,第二天上学时间到了,任凭父母怎么劝说,他也不来学校了。

在多次和小林谈话并与其父母谈话后,我分析小林出现这种情况主要有以下几方面的原因:

1. 好奇心强烈,自控能力不强

初中孩子正处于求知欲旺盛的时期,小林思维灵活,曾经学习很好,对于外界的各种新鲜事物都充满了好奇。相对传统媒介而言,网络有限的感知经验、灵活而匿名的个人身份、平等的地位等无不强烈地吸引着他的目光。初中孩子辨别是非和自我控制能力还不强,他们一旦上网,便难以抵制网络的诱惑。

2. 自我意识增强

初中孩子急于摆脱管制,追求独立个性,确立自我价值,网络恰好提供了这样一个虚拟的空间。网络自由平等的特性,为初中孩子创造了"海阔凭鱼跃,天高任鸟飞"的天地。在匿名的保护下,网络成为未成年人宣扬自我主张、宣泄内心不满的平台。

3. 家庭环境特殊

父母离异会给子女的心理造成极其严重的消极影响。国内外研究均表明,家庭因素是影响网络成瘾的重要因素之一。家中具备上网条件、单亲家庭以及错误的家庭教养方式,易致使初中孩子网络成瘾,而且孩子与父母亲子关系愈紧张、愈疏远、愈冷漠,网络成瘾倾向愈严重。在这个案例中,小林是典型的由于家庭教育问题引起的网络成瘾个案。在小林进入初中时父母离异。离异后的父亲忙于生意对孩子缺少关心、沟通和理解,对孩子出现的问题采取棍棒教育。家庭气氛不和谐、沉闷、冷清、压抑,促使他选择在网络世界中自我逃避、自我宣泄、自我实现。而网络的虚拟性、自由性满足了这种需要,网上聊天给了他倾诉的空间和对象,而网络游戏更是让他流连忘返。

4. 学校教育的不当

小林由于受家庭环境的影响，成绩起伏较大。进入初中成绩一直下滑，班主任处理问题不够冷静，处理方式过于简单。一旦成绩不理想，不是横加指责，严厉批评，就是干脆把小林的父亲找来，让家长带回，停课反思。回家后父亲往往恼羞成怒，一顿棍棒。小林不善言语，内心很容易产生孤独感。通过网络聊天结交朋友、发泄郁闷、逃避现实成了他的首选。进入中学后，由于学业压力大，考试成绩一退再退，失去了学习的积极性，转向虚拟世界寻求安慰。

针对这些原因，具体辅导对策是：

1. 认清网络沉溺的危害

首先和沉溺于网络的学生进行坦诚的交流和沟通，必须要让其意识到自己问题的严重性，不再对网络"不识庐山真面目，只缘身在此山中"。如自我辩论，想象自己上网成瘾后的种种极端后果；让他们对"理想自我"与"现实自我"进行辩论，让内心的道德感、责任感与罪恶感、失败感斗争。

另外，班主任可引导学生想象如果他是父母，面对自己这种情况，父母会出现什么样的反应，让其站在父母的角度体会和理解父母的良苦用心，允许自己的父母生气和发火。

2. 行为契约法

建议学生与父母在沟通之后共同制定上网的行为契约。共同商议后的行为契约可以是：周日至周四晚上功课完成后可以上网，但九点钟必须下网，允许有五分钟的弹性时间，若能遵守，周末奖励一小时上网时间，若超时，第二天无条件提前一小时关机断网。此外，如果孩子希望能够通过自己的控制力遵守时间规定，而不是父母的唠叨和提醒，针对父母也有相应建议：在规定时间没到时父母不能提醒，若违反要奖励孩子一小时的上网时间。其实从这个契约可以看出，孩子希望父母能够相信自己。事实证明，案例中的小林在行为契约履行的过程中能够很好地约束自己。母亲说小林大多数时候都能遵守契约，偶尔有几次超时，第二天也会自动缩短上网时间，这让母亲倍感欣慰。她也会及时对小林的良好表现给予表扬和鼓励,小林现在也经常能将在学校发生的新奇或开心的事情和父母分享了。

3. 转移注意法

在活动中寻找快乐,鼓励孩子多参加体育锻炼。去运动场跑步、打球,有助于调节学习疲劳和压力。可以多做一些健康和休闲的活动,如读一些轻松愉快、有趣味的书刊,或与朋友散步、郊游等。注意在活动中多结交好朋友,获得心理的愉悦和支持。此外,可以从与孩子来往较密切的朋友着手,鼓励他们多参加健康的活动,获得同伴支持。

对于网络沉溺的学生,有学者提出"分层次进行心理治疗,并与学校、家庭、社会的道德教育紧密结合"的基本矫治原则,"分层次主要指要判断所处的症状,是处于亚健康状态还是已产生心理或精神疾病。分阶段是指病情有轻重,治疗要有步骤。全方位的德育环境是进行心理治疗不可缺少的条件。对处于亚健康者,要减少并监视他上网,给予适当的休息并辅以心理咨询,这样或许可以使其较快地康复。已产生心理或精神疾病的沉迷者常有不同的心理病因,病情的轻重亦不同,心理治疗不能硬性地规定,要随个案去做判断,并依不同的阶段而施行"[1]。作为班主任,对于缺乏自制力的学生,限定其上网时间甚至禁止他将手机带入校园是必要的;指导家长对孩子手机、电脑等进行监管,给予长时间上网的孩子更多关注与提醒;给予学生更多情感关怀,使他们不至沉溺于虚拟的情感世界;采取多种形式,加强网络道德教育和思想引领。

---

① 张学波. 网络沉迷及其矫治策略[J]. 教育发展研究,2002(1): 47.

第六章

生涯向导

第一节 自我认同

一、简要概述

自我同一性是人一生的发展课题。同一性早在幼年时期就已经产生,只是在青少年时期矛盾激化,这一阶段的冲突是:同一性和角色混乱。同一性是否确立,关系到一个人是否能健康发展,关系到他能否更好地适应社会,能否体验到自身的价值和人生的意义。

班主任可以在以生涯规划为主题的班会活动中,协助学生了解自我,发展自我兴趣,提升自我能力;帮助其培养生涯目标,并学会规划时间,开启从感性到理性到实践的学习路径;逐步帮助学生接纳自己,尊重别人,自觉把个人理想和国家梦想、个人价值与国家发展结合起来。此外,班主任作为活动的组织者,可以综合实践为载体,结合校园开放日、职业体验日等体验活动帮助学生了解自己、发现自己、悦纳自己。班主任作为活动的带领者,可以帮助学生结合自身兴趣特点,走出校门寻访自己热爱的行业及相关职业,在对社会及各行业的了解中,增进个体对自己的认识,深化学生生涯觉察程度,引导学生走进社会、观察世界、探索未知。

二、理论视角

2018 年,上海市教委出台的《关于加强中小学生涯教育的指导意见》中指出,"构建大中小幼有机衔接,内涵丰富、科学适切的生涯教育内容体系;形成以学生发展需求为导向,形式多样、注重体验、讲求实效的生涯教育服务体系;建立市区校三级联动,学校、家庭、社会三位一体,资源配置多元、管理机制完备、评价激励有力的生涯教育保障体系,增强中小学生生涯规划的意识与能力,培养自尊自信、积极向上的个性品质,促进学生的健康成长与终身发展"。在教育综合改革背景下,学校更要关注学生的全面成长,要积极开展生涯教育。

埃里克森认为,人要经历八个阶段的心理社会演变,这种演变称为心理社会发展。这些阶段包括四个童年阶段、一个青春期阶段和三个成年阶段。每一个阶段相应地有这个阶段应完成的任务,并且每个阶段的发展都建立在前一阶段的发展之上。

"青少年正处于'疾风骤雨'时期,是他们自我同一性迅速发展并走向成熟的时期。青少年的人格发展最主要的任务就是同一性确立,经过多次反复思考碰撞,选择适合自己的人生观、价值观,最终确立自我同一性。"[1]个体在其发展过程中对自我进行判断,对与自我发展有关的重大问题如理想目标、职业、价值观和人生观进行思考与选择。发展良好的个体即同一性得到确立的个体能获得一种人格上的连续性、成熟性和统合感。同一性获得被认为是最成熟的同一性状态,该状态下的个体具备许多积极人格特质和健康的心理状态;而同一性扩散是最不成熟的同一性状态,个体处于这种状态下容易产生许多心理问题,同时心理问题的出现会导致个体自我同一性不成熟状态的出现。同一性能否确立,关系到一个人是否能健康发展,关系到他能否更好地适应社会,能否体验到自身的价值和人生的意义。

三、辅导建议

案例

小王,男,15岁,初中三年级学生,个子高大,偏胖,少言寡语。小王的父母都是工厂的职工,收入一般,中专文化水平。平日里,父母对小王的生活起

---

① 于倩.青少年主观幸福感对学业成就的影响[D].喀什:喀什大学,2020.

居照顾妥当,对于学校生活和小王的学习过问得较少。小王回家很少和父母讲起学校里发生的事情,亲子间的沟通比较少,周末宅家各做各的事情,几乎没什么外出活动。孩子今年初三了,父母知道孩子学习压力大,但是对学习成绩和中考政策等几乎没怎么关心,一方面看不懂,另一方面缺乏时间和精力。

近期,班主任发现小王的成绩直线下降,从原本至少能考到普通高中的分数一下降到了中职校分数线。她找小王谈心,询问他生活中是否发生了什么变故。刚开始小王支支吾吾,班主任很着急。幸好小王还是相对信任这位班主任的,他说最近自己喜欢的一个女生,他对其表白后,女孩对他说:"你又胖又黑,成绩也一般,有什么资格喜欢我? 离我远点。"

小王在这之后深受打击,觉得自己一无是处,非常自卑。他一直在想,自己究竟要变成什么样子才能被那个女生喜欢呢? 他在学习的时候想,在运动的时候想,在回家的路上想,整个人就是呆滞的状态。因此,在上课的时候走神,回家做作业也无法集中精神,成绩一落千丈。他更加不安了,自己真的越来越糟了,有些想放弃自己。

班主任在了解情况后,发现小王是个情感丰富、心思细腻的男孩。在青春期,出现对异性的好感是一件正常的事情。然而在处理这件事情的方法上,男孩女孩都不太成熟。小王目前对自己想成为什么样的人产生了困惑,并认为女孩对自己的喜欢才是认可自己的唯一标准,班主任认为小王缺乏对自己的认同。

以下是班主任与小王的对话实录。

小王:上次小莉(女孩)拒绝我,对我说了那番话以后,我非常难过。我觉得自己什么优点都没有,我在想我到底是个什么样的人? 我要变成什么样她才能正眼看我?

班主任:老师能够感觉到你很难过。对于小莉对你的评价,你很在意,也很伤心。

小王:是的。我看了看镜子里的自己,又黑又胖,怎么会受人喜欢呢?

班主任：一个人的形象是受人喜欢的一方面，但这不代表长得黑一点，胖一点，就不值得被喜欢。小莉之所以这么说，她是在找理由拒绝你。她可能没想到这会伤害到你，甚至让你感到自卑。

小王：但我确实觉得我形象很差，成绩也差，我一直在反思，我哪来的勇气去表白？我的确不应该这样做。

班主任：正如皮肤颜色大部分是由先天决定的一样，你的个子很高，这已经是很多男生梦寐以求的先天条件了。如果能通过锻炼让自己的体型更匀称健美，那么这也算是小莉的"苦肉计"了。因为她的奚落，你变成了更棒的自己，不是吗？

小王：（沉默）。

班主任：既然事情已经发生了，不如我们一起想想办法回到正常轨道。老师其实很佩服你表达自己的勇气，这恰巧证明了你是一个情感丰富的男孩子。

小王：谢谢老师的鼓励。小莉的话让我觉得自己一无是处，而您却看到了我的优点。我之前还落下了很多作业，现在成绩也变糟了，我还是觉得自己太失败了，我要改变的实在太多了。

班主任：孩子，表白挫败不代表你是失败的呀。如果你想要变得强大，你可以去做很多事情让自己变得更好。除了运动，你现在成绩追上来也还来得及。等你变成了更优秀的自己，或许到时候你的喜欢会淡去，或许小莉不喜欢，但有其他的同学欣赏你啊。千万不要因为别人的一句话，就否定整个自己。

小王：好的。我要摆脱现在的心态，好好学习，把成绩提高上来。每天坚持运动，让自己健康强壮。

班主任：相信一段时间后，你会成为更优秀的你。

后来班主任通过作业批改或课后交流，时不时提醒小王多多寻找自己和周围同学的闪光点，每天记录一条，试试从多个维度看人看己，发现自己的闪光点。一个人要被人喜欢，首先要喜欢自己，接纳自己。

从小王的案例中可以发现，每个人都要在青春期完成"自我同一性"的过程。那时每个人渐渐萌发自我意识，也会开始思考生命的意义。

小王因为"表白被拒"开始思考自己是怎样的人，要变成什么样才会受人喜欢。当他活在别人的评价和标准里时，15 岁的他的自我同一性是混乱的，认识复杂度还不够高，他的消极应对使得他的成绩一落千丈。幸好老师及时发现了他的异常，他也愿意与老师分享自己的苦恼，老师对他在自我评价和自我认同上做了妥善引导。

有学者认为，"认知复杂度是指个体在做判断时不同考虑层面的相对数目。认知系统复杂者能运用多种建构进行相当分化的预期和判断，而认知系统单纯者只有少数建构，对现象的判断较为简单"。[①] 例如，面对小莉的评价，认知复杂度较低的小王只能用"被喜欢和不被喜欢"的单一建构来描述这一现状，而认知复杂度较高的老师会用较为分化的多维度来分析这一问题的成因。

自我同一性混乱是中学生在人生试探期常见的心理健康问题，表征多为同一性过剩及扩散。"确立健康的自我同一性，可以通过认知，祛除因果错位、标准单一问题，提升认知复杂度；借助实践，让团体力量传递信息、提升技能、激发希望。"[②]

如果学生能最终成功形成自己独立的认识，完成自我同一性，便会坚信自己的道路，并为之奋斗终生。

青春期是自我同一性形成的关键阶段，青少年需要在这一阶段里形成完整、统一的人格特征框架。"克服同一性危机，防止自我同一性混乱是这个阶段发展自我同一性的关键主题，这个阶段同一性的建立包括青少年情感的发展、对人与事的态度、自我需要、各项能力、人生理想等。"[③]青春期阶段是学生自我概念形成、自主发展、素养培育的重要阶段，也是生涯发展的探索体验和自主选择阶段。这一阶段生涯教育的中心任务是解决学生强烈的自我意识与身心限制的矛盾，让他们最终实现自我同一性的发展。

在青春期阶段，随着年龄的增长，同一性状态并非一成不变；影响自我同一性形成的关键因素是父母。作为班主任，应建议家长与孩子建立信任的亲子关系，全然地接纳孩子，给孩子一些自由选择的机会，并能成为孩子的榜样。

---

① 金树人. 生涯咨询与辅导[M]. 北京：高等教育出版社. 2007：87,107.
② 周旻. 高中生自我同一性混乱矫治例析[J]. 中小学德育，2019(12)：66—68.
③ 宋红霞. 高中生自我同一性、成就动机与职业成熟度的关系[D]. 兰州：西北师范大学，2020.

自我同一性的建立是一个动态的过程,包含了学生过去、现在和未来生活之间的一贯性和方向性。班主任可以关注学生对过去生活的洞察、对现在生活的行动和对未来生活的规划,继而觉察中学生自我认同的发展过程;还可以关注学生的人际交往,包含同辈交往、师生交往、亲子交往,以便及时给予支持和帮助。

第二节　入学适应

一、简要概述

班主任比起任课老师,在帮助学生入学适应时,除了可以观察学生的上课情况、学习成绩以及在群体中的表现外,还可以做的事情就是在入学前家访以及在班级日常生活和工作中了解与帮助学生。

入学前,对中小学阶段的学生家访以及家长会是不可或缺的,这是作为班主任应该做的一项工作。通过家访,能让老师更加了解学生的成长环境以及学生的家庭教育背景,更能让家长对老师产生信任感。家访是老师了解学生的有效途径。老师和家长的相互沟通了解,对学生的教育也是极其重要的,甚至能起到事半功倍的作用。"在家访时多了解学生,通过与家长的接触交流,能了解学生在家里的生活习惯、性格特点及家长的教育方法等。"①

入学后,在日常工作中,班主任全面了解学生,及时做好学生档案,才能了解学生的心理,知微见著,才能找到合适的方法,做好入学适应教育。

二、理论视角

有学者认为:"入学适应是个体在因与环境关系发生多方面改变而引发的压力情

---

① 李佳怡.小学一年级新生入学适应现状与教育对策研究[D].天津:天津师范大学,2020.

境中,根据环境的要求,积极调整自身观念与行为,从无序、混乱的状态导向有序的动态平衡状态。入学适应是学生在教师和家长的帮助下,在新的学习生活环境中积极调整自己的身心,养成良好的行为习惯,具备一定的自理能力,对学习产生兴趣并掌握一定的学习方法,能够与老师和同学融洽相处,从而获得全面发展的状态。"①

"入学适应作为生涯发展的一部分,其根本任务是建构完整的人格,有效地适应社会,终极目标是自我实现。幼儿入学困难一般分为学习困难与社会性困难两大方面。学习适应困难主要表现在读写与数学两个方面,社会性困难主要表现在任务意识与完成任务的能力、规则意识与遵守规则的能力、独立意识与独立完成任务的能力以及人际交往的能力等方面。"有学者认为:"造成幼小衔接中出现困难的原因包括:一是幼儿教育小学化倾向;二是不良的教学手段和方法;三是小学一年级新生普遍缺乏社会适应能力;四是幼儿时期养成的不良学习生活习惯与新时期的学习生活产生矛盾。"②

中、高考的选拔模式是将学生进行多等次划分,学业难度高,竞争激烈;大部分高中生将开始寄宿生活,生活上由家人照顾为主转变为自理为主;相当多一部分的学生曾在初中时是班里的佼佼者,进入高中后在学习上不占优势,一部分学生将产生心理落差。③

"新生入学不适应的表现和成因主要有以下几个方面:1.生活环境不适应,许多第一次离开家庭的学生不适应寄宿生活,吃饭、睡觉、洗衣、洗澡等生活琐事处理能力欠缺。2.学习方法不适应,刚刚升入高中的新生对于高中课程的学习还处于摸索阶段,有的甚至仍沿用初中的学习方法,上课时似乎是已经听懂了,可一做起作业来便觉得困难,有时即使听懂会做了,但题型一变又不知该从何下手。学习上显得很被动,因而在部分学科的学习中会产生担忧、恐慌、焦虑情绪。此情况同样会发生在幼升小、小升初阶段。3.人际交往不适应,离开了朝夕相伴的伙伴们,加入一个新的班集体,需要重新构建人际关系,如果缺乏与人主动交往的勇气和技能,尤其对于内向的学生来说,适应新环境会比较困难。"

《中国精神障碍分类与诊断标准第3版(CCMD-3)》对适应障碍的界定是"因长

① 刘红霞.浅议幼儿教育与小学教育之衔接[J].青春岁月,2014,(4):90.
② 刘红霞.浅议幼儿教育与小学教育之衔接[J].青春岁月,2014,(4):90.
③ 刘琦.高中新生入学适应策略研究[J].教书育人,2019(35):22—23.

期存在应激源或困难处境,加上病人有一定的人格缺陷,产生以烦恼、抑郁等情感障碍为主,同时有适应不良的行为障碍或生理功能障碍,并使社会功能受损。病程往往较长,但一般不超过 6 个月。通常在应激性事件或生活改变发生后 1 个月内起病"。作为班主任要注意观察学生的日常表现,如果有明显的生活事件如转学为诱因,且有一定的人格基础,出现退缩、不注意卫生、生活无规律、睡眠不好等现象,可建议家长带孩子去精神卫生机构诊断是否有适应障碍。

三、辅导建议

案例

小许,男,16 岁,高中一年级学生,个子不算高大,偏胖,性格较腼腆内向。小许的母亲是一位具有大学本科学历的家庭主妇,父亲是大学教授,家庭经济状况比较好。在教育孩子的问题上,父亲对小许的学习管理比较宽松,母亲主张要严格。因此,对于小许的日常学习和生活,母亲操心得比较多;而父亲由于工作忙碌关心较少,但在大事上诸如中考填报志愿等,还是起着把握方向的作用。夫妻俩分工明确,相互配合,对小许的期待也很高。

从小学开始,小许的学习成绩一直保持在班级前列,还担任班级中的小干部,因此他对自己的要求比较高,自尊心也较强。他初中就读于一所民办学校,同学个个都很厉害,好多同学都考进了较好的市实验性示范性高中。然而在中考的时候,小许的发挥没有往日那么出色和稳定,在数学科目发挥失常,以至于进入了并非他第一选择的高中。但小许中考成绩总体来说还是不错的,并在后来的择班分配中,进入了该校的特色班。

在进入高中这个新环境后,小许依旧保持认真努力的势头,但第一次数学和物理的期中考试成绩就使他处于班级的下游,他对自己不满意,回家的作业却越做越晚,导致上学迟到,为此班主任找了小许谈心。

通过小许的陈述,班主任了解到他曾经是一名很自信的学生,在中考录取通知书发放后,他有过短暂的失落,但马上就调整了心态,对新学校和新同学也充满了憧憬,希望自己在学习上能更上一层楼,继续以一个优秀的姿态展现在新环境中。在进入高中后,班级里学生的水平普遍较高,在高手如林的班级里,教学速度快、难度也强,这让他感到有点跟不上,第一次期中考试成绩也不理想,使得他有种挫败感。于是,他开始拼命努力,想要恢复他初中时在老师和同学心中的完美形象。他从作业开始抓起,但却越做越晚,效率越来越低。几道题目可以东摸摸西摸摸,几个小时后才开始动笔,却还非要解出来不可,这些造成了他做作业拖拖拉拉的问题。可以看出,小许产生了高中入学后的学习适应性问题。

以下是班主任与小许的对话实录。

小许:我是想作业都做对了才交上去,否则不如不做。

班主任:为什么呢?

小许:我已经在期中考试落后了,老师上课也不太点我名,特别是难的题目,从不叫我回答,肯定是觉得我没有那个水平,所以我一定要把难题都做出来,证明给老师看。

班主任:噢,你把做作业当作一种证明自己的方式吗?

小许:嗯,我想通过这种方式告诉他们不要小看我。

班主任:看得出来你一向都很上进。但是,现在的问题是你因为做作业拖延到很晚才睡,可以具体说一下原因吗?

小许:是的。我现在一回家,不知道怎么了,不是很想做作业,但其实我心里是很着急的,因为题目很多又很难,我想快点完成,可结果总是要到很晚才开始动笔。所以无论怎样,我总是要搞到凌晨才上床睡觉,有时候作业还没完成,我就已经没精神了。

班主任:那我们现在来做一个选择题吧。一是先做完作业再查漏补缺,二是一题题攻破直到做完为止。你认为哪种方法会让你更节约时间呢?

小许:老师,似乎我现在是第二种。如果用第一种的话,可能完成作业的速度会快一点,我倒是没想过。

班主任:是的,看来你现在仔细地想过了。目前看来,你是比较追求结果的完美性的。但你有没有发现,如果一项作业都没有来得及完成,或者完成得很匆忙,那么这样的作业效果会达到你期望中的"完美"吗?

小许:(思索)好像是没达到我的期望。我最近几次晚上都没来得及写完,妈妈催我快点睡,然后我早上起来再做的,都是匆匆完成,我真的好累啊!

班主任:我能够想象你的辛苦。好的开始是成功的一半。如果反过来,我们一到家,抓紧时间动笔开始写作业,不管我们是否会遇到难题,我们可以选择特别难的先跳过,但是至少所有的作业都做了一遍。到最后,我们再来一项项攻破不太会的比较难的题目,可能反而节省了不少时间,我们能够拿多出来的时间使作业从"完成"再达到"完美"的程度,这取决于你剩余的时间和精力,你说呢?

小许:是的,我是有点完美主义的,就是行动跟不上。

班主任:是啊,让我们来制定一张计划表,每天回去都做一个规划。几点到几点,完成哪项作业。严格按照表格来执行,如果在规定时间内没有完成,也要结束这项任务,然后跳到下一项规定时间的任务。让我们先"完成",再"完美",好吗?(同时我介绍了一本书给他:《番茄工作法图解》)

小许:好的,谢谢老师!

我的每日安排

开始时间	结束时间	任务	完成度

通过这一次的谈心，小许的心结似乎解开了一些，不再盲目地去死做题目，追求所谓的"完美"，而是明白了"完成是完美的第一步"。

第二次辅导时，班主任寻找出小许的一条负性自动想法：成绩不好，老师就不会喜欢他，同学也不会喜欢他，自己就是一个失败的人。老师请他谈谈，如果我们从正性的角度思考，可以有哪些替代想法呢？小许说：1. 有些科目我的成绩还是可以的，就是理科现在弱了一些，如果提高了物理和数学成绩，其实我的总体水平也不错。2. 其实我在成绩方面不是班里的佼佼者，但其他方面如劳动、执勤我还是很认真和配合的，这应该也值得被欣赏吧。3. 一个人是否成功，和成绩的好坏有关，但也不是只和成绩的好坏有关吧。班主任在认知家庭作业中，让小许自己记录，并进行自我辨析。

一周至少完成一项负性自动想法的替代想法

负性的自动想法	正性的替代想法

经过近两个月的辅导，到期末考试前，小许已基本消除了几条负性自动想法，上课再也没有迟到过。老师和同学对他的印象也渐渐深刻，小许还在班级和社团中找到了几位好伙伴。在临近期末考试的几次周测中，他的成绩基本保持上升的趋势，偶有下滑，但通过多次的辅导，他已经能调整好自己的心态。

在此个案中，小许的完美主义倾向表现明显，对于高完美主义倾向的学生可以适当降低学习目标，将目标细分到具体的小目标，每完成一个小目标鼓励学生往下一个目标进发，使中学生能够善于驾驭时间。

小许在这次新生适应的过程中，主要是无法接纳不完美的自己。对我们听到的"从哪里跌倒，就从哪里爬起来"这样的话也未必要如此执着；如果"从哪里跌倒，换个地方爬起来"可能有别样的精彩和意想不到的收获。

入学适应性问题已引起不少学校的重视,开学前,班主任可以通过召开家长会的形式,预告一些值得注意的事项,家校合作共同帮助学生适应新环境。

对于低年龄学生,学校可以组织新生开展适应新环境的辅导活动。比如通过参观校园熟悉环境,和各科任课老师见面增进亲切感,与高年级同学交朋友等形式消除陌生与不安,增强自信,并建立积极的心态。让学生感到校园是可爱的,老师是可亲的,同学是友爱的,学习是有趣的,自己是很棒的。

中学阶段的学生进入青春期,相比小学时期,情绪容易波动。此外,学科增多、教材内容趋向于专业化、难度加大和进度加快,若要适应中学阶段新的学习生活,需要学校、教师、家长、同辈群体的支持,更主要的是新生自己的努力。学生要根据生活的客观环境和自身发展要求,学会积极主动地进行自我调适,包括学习习惯、时间管理、人际交往和情绪管理等,逐步提高对生活事件的应对能力,提升对社会的适应能力。

第三节 生涯指导

一、简要概述

生涯指导是学校教育的重要任务。一般来说,目前学校心理教师也承担着学生生涯咨询的工作,但这并不代表只有心理教师能够承担生涯指导的任务。

目前,随着高考综合改革的推进,高中生生涯教育在许多学校落地。"'生涯导师制'是开展生涯教育的有效途径之一,部分高中进行了尝试。生涯导师制的突出特点是发挥全员育人的优势,指导学生做好学业规划、职业规划,跟进并促进学生个性化的发展。"[1]

班主任作为学生在校接触最多的老师,可以定期与学生进行学习交流,引导学生

---

[1] 陈宛玉.高中生涯导师制:是什么,做什么,怎么做[J].中小学心理健康教育,2018(27):23—25.

掌握适合的学习方法,及时发现并解决学生存在的问题。此外,还可以与各个科任教师沟通,为学生完成学业提供具体的指导。由于是学生最熟悉的老师,班主任在学生面临生涯决策,诸如选科选课、升学路径选择、志愿填报的时候,可以多帮助其做合理分析和研判,协助其做出理性决策。[①]

二、理论视角

1959 年,霍兰德提出职业选择的人格类型理论,也称为"人业互择理论"。20 世纪 70 年代,他还基于此理论发布了六角形模型。其观点源自人格心理学的概念,认为职业选择行为是个人人格特质的延伸,由职业选择的过程可反映出个人的人格特质。而个人的人格特质与所选择职业之间的匹配程度,则影响个人对工作的满意、适应以及稳定程度。霍兰德认为人格可分为现实型、研究型、艺术型、社会型、企业型和常规型六种类型。我们也经常称人格类型论为霍兰德职业兴趣理论,这里的兴趣,是描述人格的另外一种方法,在职业选择中,是一个更为普遍的概念,其实也叫作人格理论,背后阐述一个人的价值观。

1976 到 1979 年间,舒伯在英国进行了为期四年的跨文化研究,提出了一个更为广阔的新观念,纵向层面代表的是纵观上下的生活空间,是由一组职位和角色所组成。根据舒伯的看法,一个人一生中扮演的许许多多角色就像彩虹同时具有许多色带。在生涯彩虹图中,纵向层面分成子女、学生、休闲者、公民、工作者、持家者六个不同的角色,它们交互影响交织出个人独特的生涯类型。横向层面代表的是横跨一生的生活广度。彩虹的外层显示人生主要的发展阶段和大致估算的年龄:成长阶段(约相当于儿童期)、探索阶段(约相当于青春期)、建立阶段(约相当于成人前期)、维持阶段(约相当于中年期)以及退出阶段(约相当于老年期)。舒伯认为个人在发展历程中,会随年龄的增长而扮演不同的角色,图的外圈为主要发展阶段,内圈阴暗部分的范围,长短不一,表示在该年龄阶段各种角色的分量,在同一年龄阶段可能同时扮演数种角色,因此彼此会有所重叠,但其所占比例则有所不同。

---

① 裴海明.班主任工作中怎样进行有效家访[J].科教导刊(上旬刊),2019(07):80—81.

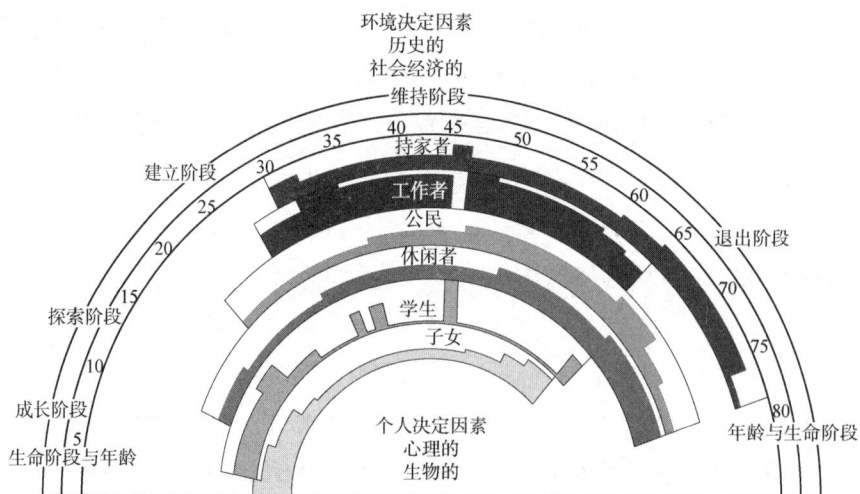

图 6-1　生涯彩虹图

三、辅导建议

案例

小雯,女,17 岁,高中二年级学生,偏瘦弱,性格较腼腆内向。小雯的家庭经济状况比较好,父母都是重点大学本科学历。在教育孩子问题上,夫妻俩分工明确,相互配合,对小雯的期待很高。小雯从小一直比较听父母的话,知道父母为自己好,家庭关系一直很融洽和睦。

2019 年中考后,他们一家一致决定让小雯选择法语作为第一外语,并在高三毕业后送其前往法国接受高等教育。父母在小雯的成长中,一直起着主导作用,母亲对孩子的照顾无微不至,父亲研究各类升学政策。父母认为小雯应该听从自己的安排,毕竟父母的任何选择都是为了孩子好。此外,对于出国留学的目的,小雯的父母显然比小雯想得多。培养孩子留学,不光是想让孩子学习国际尖端技术或更先进的知识理念,还包含以下几种心态:一是不想参加高考,不想让孩子太累;二是出国试试能上比国内排名好一些的大学;三是孩子上的如果是知名大学,家长有面子。

小雯在入校时,一方面吸收了父母的意见,另一方面听说特色班的孩子比较优秀,而她自己成绩比较好,就觉得要加入一个好的群体。法语零基础的她,在高一年级顺顺利利地适应了法语学习,并且成绩还不错,所以从未有过其他的考虑和规划,例如:自己适合出国吗? 国外的大学和专业喜欢吗? 自己将来想做什么? 这些问题她之前都没有主动去想过,只是一直在"随大流"。

直到2020年疫情的爆发,长大了一岁的她,忽然意识到只身在外会遇到不少麻烦,而自己无法面对。比如新闻里不断报道的机票售罄、航班取消以及很多国家都不喜欢戴口罩等消息,都令她不安。虽然网络让地球变成"地球村",但是在疫情面前,出国依然是漂洋过海,依然是只有电话的温存,没有实在的相聚。个性本就被动的她,觉得如果一个人在国外遇到这么多事情,很大概率会处理不好,她感到了前所未有的恐惧。另外,通过查询对口的大学和专业,小雯越来越发现,自己并不喜欢,反而国内有不少好大学,自己之前忽略了。

学习法语作为第一外语,可以用来国内高考,也可以方便出国。如果是参加国内高考,在高考改革后需要加三科目的成绩,并且高二下就要准备考加三科目。如果高一时没有进行规划,在2020年的上半年,作为高二下学期的学生,才开始复习和准备迎考是比较仓促的,压力相对是比较大的。

小雯将此决定告诉了自己的班主任,并表示一下子要准备国内高考了,她的内心是忐忑不安的,更何况家长不支持,疫情期间天天和父母吵架,心神不宁,也没办法安心学习。

班主任请她运用"生涯决策平衡单"先列出在做这次决定时,考虑的因素,并为此加上相应的赋分(即比重)。随后列出出国留学的利与弊,最后计算总分,看看两者哪一个高。

生涯决策平衡单

考虑因素 （赋分）	出国留学		国内高考	
	利（＋）	弊（一）	利（＋）	弊（一）
和父母分离				
向往的大学和专业				
高考难易				
学费				
……				
……				
……				
总分				

这张表格需要一点时间去思考完成。上面清晰的因素罗列、精心的比重安排和仔细斟酌后的利弊，能够很好地帮助她量化自己的想法，并把自己的思考有逻辑地展示给父母看。

以下是班主任与小雯的对话。

小雯：在上一次的"生涯决策平衡单"里，我算出来的总分是国内高考要高一些。当我把"和父母分离"这个因素的比重赋分很高的时候，我才发现现在能和爸妈生活在一起是一件多么美好的事情。因此，我立刻和父母进行了深入沟通，而不像前几次没讲几句话就吵架。无论他们同意与否，我都要珍惜现在和他们在一起的日子。

班主任：很棒。那么你的爸爸妈妈怎么看待你做的表格呢？

小雯：当我把平衡单给父母看了以后，他们也很认真地思考了。他们自己也尝试做了一遍这个表格。爸妈说，没想到自己也把"和女儿分离"这一项的比重赋分打得很高。其实他们内心也不希望我离他们很远，只是一直认为为了我好，他们就要"忍痛割爱"。他们承认做决定时没有考虑过我是怎么想的，也从来没有正视过他们自己的内心。当他们看到"向往的大学和专业"这个因素时,才意识到自己之前没有考虑到我的志愿,只是一厢情愿地认准了国外的大学就是好的,所以也和我一起进行了探讨。

班主任:是的,如果到了法国发现自己学习的专业并不喜欢,不如趁现在考虑清楚。那么后来你们是怎么样决定的呢?

小雯:因为马上7月就要加三考了,他们很担心我的成绩会追不上,心里很矛盾。但是我答应他们,做好了决定,我就会为了国内高考的目标努力。其实国内有很多我喜欢的大学和专业。之前随大流想要去法国,我对自己的兴趣也没有过太多的思考。正好趁这次机会,我也仔细思考过,其实法国大学对口的专业,并不是我最喜欢的;只是父母觉得这是一条坦途,之前我们都没有多加考虑。对于"向往的大学和专业"这一因素,我们一致为此赋予了较高的比重,适合自己的才是最好的。

班主任:看得出来你一向都很上进。那接下去的时间里,你要抓紧准备加三科目的考试了,老师希望你能够为自己的选择负责,获得不悔的结果。

小雯:谢谢老师,我会加油的。

线下开学后,班主任鼓励小雯多参加学校活动,扩大交往圈。无论是否出国,都应该拥有面对困难的勇气和解决问题的能力。这样的勇气和能力,对于她之后转战国内高考要面对的压力和挑战,也是很重要的。

这场疫情带来的生涯选择,看似是"疫情"放大了小雯内心的恐惧和不安,实际上却是一次认识自己,澄清自己内心真正的需求,并学会为自己的选择负责的好机会。

由于小雯的决定直接影响了其学期末是否要参加加三科目的考试,因此留给她做决定的时间很短。而在疫情期间,经过几次网络辅导,特别是从填写"生涯决策平衡单"到和父母积极沟通,小雯迈出了一大步,并做出了全家认可的决定。开学后,教师引导她参加社团活动,突破舒适圈,勇敢去尝试自己曾经不敢尝试的事情,例如演讲。毕竟一个人无论是否要出国留学,始终要拥有独自解决问题的勇气和善于应变的能力。

近年来,随着教育改革以及学生实际求学需要的改变,上海市高中生小语种学习趋势上升。目前,上海市有许多学校开展小语种教学,甚至有的直接以小语种为高考科目。教育部发布的普通高中课程方案中指出要进一步优化课程结构,外语科目方面,在英语、日语、俄语的基础上,增加德语、法语和西班牙语。在我国高校招生领域内,大家习惯地把除英语外的外语统称为"小语种";"小语种"与"非通用语种"并不是一个概念。例如,如果选择小语种为第一外语,那么刚经历完中考的学生将面临新的语种的学习适应,并且需要思考使用小语种参加国内高考还是出国留学,需要了解相应的生涯发展是怎么样的,如:放弃国内高等教育机会而选择境外高等教育的原因是什么? 选择境外高等教育是否存在盲目性? 是选择境外高等教育的专业还是选择国内的专业? 是选择好的大学还是好的专业? 以及学生本人及其家庭对就读大学的选择意愿和未来规划等。一些家长在早期帮孩子做决定和规划时,没有考虑孩子的想法,因此,不少学生到了高三开始后悔自己过早放弃了英语,选择了小语种学习,不想去最初家长规划的国家留学了。这并不是说放弃就是没有规划,恰恰放弃也是一种选择。因此,学生有自主的生涯规划意识和较高的生涯成熟度是特别重要的。

面对学科选择、学业规划、专业选择、填报志愿等,大部分学生对于自己未来的定位是模糊的。而随着教育综合改革和高考改革的进一步推进,社会的转型与变革,时代的发展与挑战,学生们需要学会规划、学会选择、学会承担。

《上海市教育委员会关于加强中小学生涯教育的指导意见》(沪教委德〔2018〕8号)提出要分学段各有侧重地实施生涯教育。小学阶段侧重于通过观察、模仿、游戏体验等形式,指导学生发展并了解自身的兴趣爱好,感受学习乐趣,提高学习兴趣,增强学习自信心。初中生涯教育侧重于生涯探索,通过综合实践活动、高中校园开放日活动、中等职业学校职业体验日活动等,拓展学生对社会分工、职业角色的体验与认识。高中阶段则侧重于生涯规划,主要是通过生涯教育课程与活动实施,包括志愿服务、研究性学习等,增强学生的社会意识和社会参与能力。在选学择业的过程中,指导学生了解高等院校的专业设置和社会的职业需求等信息。

一个人的兴趣、能力、价值观等会随着知识、阅历和环境的变化而变化。因此,教师应引导学生做出合理的生涯规划,积极面对多种选择;在做出抉择之后,还要根据新环境的变化改变自己的状态,对生涯发展做好充分的准备,以较好地应对所遇到的生涯困境等。这些都是目前生涯规划教育需要重点关注的问题。

第七章

心理疏导

党的"十七大"报告第一次提出要"加强和改进思想政治工作,注重人文关怀和心理疏导"。心理疏导是对学生的心理困扰或成长困惑进行疏泄和引导,支持个体的自我调适和心理成长。心理疏导源于心理咨询,但不同于心理咨询。心理咨询需要咨询师具备一定的资质,心理疏导只是一种协助自我调节的支持行为,不一定要具备心理咨询师资质,但需要掌握有关心理疏导的专业技能与伦理。班主任不一定具备心理咨询师资格,但需要对学生成长过程中的心理困扰和成长困惑进行疏导。班主任开展心理疏导工作,主要以人本主义心理学和认知心理学作为理论与技术的基础,通过言语技巧帮助学生进行梳理与泄压。本章主要关注与学生的自卑困扰、学习困难、情绪失控、人际冲突等有关的常见的心理疏导工作。

第一节　自卑困扰

一、简要概述

在日常教育教学中,难免会遇到受自卑困扰的学生,其原因也各不相同,有的是对自己所具备的条件及所作所为感到不满,有的是对自己主观行为的习惯性否定和对自己的消极态度。班主任有必要了解情况,针对不同的原因,寻找相应的辅导办法、对策,在教育过程中加强正面引导,整合家校力量,帮助学生合理归因,挖掘优势,建立自信,从而克服自卑感。

自卑感是在和别人作比较的时候,由于低估自己而产生的情绪体验。当学生在自我认知的构建过程中过分贬低自己,认为自己不如别人,甚至羞怯、惭愧、丧失信心时,就会发展出自卑情结,影响学生的身心健康。自卑感不必然会阻碍学生的发展,比如有的学生通过选择正确的途径,积极改进自身的不足,从而摆脱自卑,让自己变得更加自信和优秀。也就是说,自卑感是个中性因素,因此,班主任如何引导显得尤为重要。班主任对学生自卑困扰的疏导与心理咨询师对来访者自卑问题的咨询是有区别的。一定意义上说,班主任主要帮助学生形成对自卑感的合理认知,咨询师主要是对自卑情结的咨询与辅导。

二、理论视角

著名奥地利心理学家阿德勒提到:"自卑感是人类的普遍现象,而且也是正常现象。"阿德勒认为脱离行为者的思想而判断其行为是没有任何意义的,因为每个行为都可从不同方面解释。基于此,他的自卑补偿理论将"自卑"分为两个递进层面,即"自卑感"与"自卑情结"。在阿德勒看来,"自卑感"是每个人成长过程中不可避免所要面临的,每个人都不同程度地存在某种自卑。自卑感会带来紧张和压力,对自卑心理的不同处理也会产生不同结果:积极者可以此作为前进动力,推动人格发展;消极者可能放弃努力,甚至自暴自弃。这意味着,生活中的每个人都或多或少有某种自卑感,其中部分人由于长期积压得不到释放,自卑感就会演变为更严重的自卑情结。

阿德勒在《自卑与超越》中提出:"我们每个人都有不同程度的自卑感,因为我们都发现我们自己所处的位置是我们希望加以改进的。"有学者认为,"影响自卑感生成的主观因素有如下四点:一是负性的核心信念;二是思维偏差,它包括个体在看待事情时出现的偏差以及在审视自我时出现的思维偏差;三是完美主义人格,即个体对实现自我的期望过高,经过多番努力却又未能实现'理想自我';四是归因方式,有自卑表现的当事人习惯把失败归因于内在因素,如能力不足、智力不如别人等,而把成功归因于任务容易、运气好等外在因素"[1]。作为班主任,可以通过认知调整、学会归因等方式帮助学生解决自卑困扰问题。

---

[1] 陈琳.浅谈中学生自卑心理的现状及应对措施[J].教师,2021(03):7—8.

三、辅导建议

案例

本学期,朱老师临时担任了二年级 6 班的班主任兼语文老师。在第一次的课堂上,她请了一个长得不怎么起眼的小男孩读句子,结果还没等他开口,就引来了周围同学一阵窃窃的略带尴尬的笑声。当小男孩开口朗读时,朱老师便明白了,原来,他有口吃的语言缺陷,涨红了小脸轻声地吐着字,一句话读得人心里直发痒。

这个小男孩名叫小可,黝黑的皮肤,嘟起的嘴唇,小小的鼻梁上架了一副圆圆的眼镜,在一群孩子中,很容易被忽略。接触了一段时间后,朱老师发现他脸上的表情似乎永远只有一种:眉头紧锁,紧闭嘴唇,总是一副紧张的样子。平日,他不会主动与人交流,也不会大声说话。学科老师也反映小可的课堂表现很不积极,从不举手发言,对于学习缺乏热情,似乎还有些"厌学",学业成绩非常不理想。

朱老师知道这肯定是因为口吃引起的。怎样帮助他改变,克服自卑的心理呢?朱老师查阅了口吃的相关资料,也摘录了一些治疗口吃的方法,首先有意识地对其进行一对一的语言训练,和他说话,并不时用目光去鼓励他、告诉他:"不急,慢慢说,把速度放慢、句子改短、咬字清晰、音节分明。"朱老师还指导他,鼓起勇气,与人对话时,用眼睛看着对方,或是带领他练习朗诵,背诵诗歌、练习唱歌,有节奏地呼吸、发音。无论是在课堂上,还是在一些课外活动中,朱老师都会有意地创设机会安排他发言,每次他发言结束后,朱老师也都会带领小朋友们一起为他鼓掌,帮助其逐步树立自信心。渐渐地,他能把一句话完整地说下来了,开口说话对他来说不再是一件难事了,他和同学间的交流也变得多了起来。

　　要帮助小可变得自信,别人尤其是父母的态度特别重要。一个双休日,朱老师敲开了孩子的家门。原来小可是家中独子,父母的教养方式单一又粗暴,比如妈妈"宠溺包办",即便他作业拖拉,字迹潦草,母亲也不加督促,予以放任。爸爸则总是指责小可这里不好,那里不好,动辄打骂。可以说,在家里,小可得不到支持、肯定与鼓励,学习习惯很糟,作业质量很低。父母还因为意见不合总是吵架。压抑的家庭氛围,使得小可总会不自觉地自我否定。做事缺乏信心,处处感到不如别人,甚至对那些稍加努力就可以完成的任务,也往往会因自叹无能而轻易放弃。

　　了解情况后,朱老师向家长说明了小可的诸多表现与他的自卑心理有关,请父母一起重视,多给他肯定与鼓励,让他变得自信起来。建议父母尽量避免和克制争吵、摔东西、相互对骂、高声粗气等;建议爸爸给予小可更多的关心和理解,多陪伴多发现孩子的优点,少一些批评和责骂,说话语气可以柔和些;建议母亲改变一味的溺爱,慢慢放手,训练小可"自己的事情自己做"的能力。妈妈可以告诉小可,很多事情他自己能做到,不需要妈妈代办,这些对于建立小可的自信心有很大的帮助。另外,父母还要努力培养小可在学习方面养成良好的行为习惯,如作业在规定时间内完成,对作业完成质量有要求等等,让他知道自己原来也可以做得和其他小朋友一样好,尝到甜头后他就更愿意付出了。和小可父母沟通后,他们表示非常愿意这样去配合和督促。朱老师想,改变家长的教育观点,消除家长吵架的焦点,让家庭氛围变得温馨起来,才能够重塑孩子阳光、积极的心态和自信心。

　　自卑的学生通常都迫切地想要获得成功,从而获得伙伴、教师和家长的认可。于是,朱老师又有意识地通过小岗位活动去培养小可的自信心,消解他的自卑心理。朱老师给他安排了一个服务岗位——每天午间检查卫生情况的值勤小组长,让他带领其他同学检查卫生。他对这项任务非常重视,每天勤勤恳恳地完成,似乎把这看作是老师给他的特别奖赏。而其他小朋友,在朱老师的动员之下,也能主动配合他,和他愉快地合作。

　　一段时间之后,朱老师惊喜地发现,小可脸上的笑容渐渐多了起来,这笑容来之不易,让她感到莫大的欣慰!

　　"举手"是儿童的日常表现,也是受关注的行为,但在"想举手而未举手"的行为背后,很多儿童受到"想而不敢"的心理钳制。案例中,班主任敏感地捕捉到小可的自卑心理与自身的语言缺陷有关,也与从小接受的家庭教育模式有关。母亲的呵护至极、父亲的责备、本人对同学嘲笑的担忧,都是造成小可自卑心理的诱发因素,而父母在孩子心理建设方面的意识欠缺,和对孩子口吃问题的忽视,进一步导致孩子自我否定意识的形成与强化,使孩子产生对自我的消极评价。可见,自卑心理形成原因比较复杂,既有个人生理、心理上的原因,也有家庭、学校和社会因素的影响。

　　为了帮助小可克服自卑心理,重建自信心,重树健康、积极向上的心态,班主任不遗余力,通过语言训练矫正口吃、家庭走访指导家教、开展活动创设锻炼机会,逐步带他走出自我否定的盲区,帮助小可真正认识自己、展现自己,进而获得"其实我是很棒的"的认知,走出自卑。

　　可见,单纯透视儿童行为背后的深层意义是不够的,更需要通过实践改善其行为,促进其身心更好地发展,而这种改变的重要途径,就是教育。

　　1. 正常看待,移情理解

　　"正常看待"是教师正确对待学生"想而不敢举手"心理的基础:外在压力和内在自我要求常常让学生感受到冲突,害怕站起来回答不好,老师会批评,同伴会评头论足;另外,站起来回答问题本身也会产生压迫感,原本能回答好问题的却由于突然起身站在人群中的惶恐而变糟糕……种种原因使得"我"最后为避害未能站起来。这是儿童解决内心自卑诉求的方法,与此同时,自卑便成了缺乏自信的"我"的一种自保屏障。

　　而"移情理解"则是在此基础上设身处地考虑儿童的所感所需。理解他们经历自卑情感时的无助感,理解他们摇摆不定时难以抉择的困难感,理解他们最终做出不举手决定后的懊恼感。处理的关键是换位思考,推己及人:作为成人,也有过相似体验,例如,在开会发言时"想而不敢发言"的状态,不是同儿童一样吗? 在此换位思考理解的基础上，就不会认为自卑只存在于心理不健康的学生之中，而是每个人都有，只是程度不同而已。

2. 创造环境，鼓励合作

任何事物的发展都离不开一定的条件。教师要为学生创设团队合作的机会，鼓励并训练他们的合作精神，同时要营造团队合作良好的精神和氛围，营造安全、友爱、互助、宽容的心理环境，让他们在集体中有充分的安全感，知道即使自己回答错误、表现不佳也不要紧，从而敢于自在、自由地表达自己的观点。

3. 人文关怀，对话互动

人的基本需要是关心与被关心，人与人相处如果是处于冷漠、忌惮的氛围下，必然会拉大彼此的距离。在教育场所的一日生活中，"师生对话"无时不在，教师应正确认识师生关系，真正建立"我与你"的平等对话关系，将对话建立在爱、谦逊和信任的基础上，这样对话就变成了一种水平关系，对话者之间的互相信任，有助于学生缓解自卑、焦虑心理。

4. 积极暗示，正面引导

青少年具有易受暗示的心理。根据罗森塔尔效应，班主任应充分利用各种恰当时机对儿童进行积极的心理暗示，正面引导。

（1）努力发掘学生身上的闪光点，对于学生身上表现出来的，哪怕是极其微弱的闪光点，或是非常微小的进步，都要及时予以肯定，并且不吝称赞，通过这些最美的语言，使他们产生欣慰、幸福的内心体验，树立自信心，增强荣誉感，从而提高学习的兴趣与内在的动力。

（2）鼓励引导学生大胆表现自己、积极发言，使学生得到认可，从而在根本上真正改变内在的自卑。对于自卑的学生，即使在答错的情况下，教师也应用欣赏的语气告诉他"勇气可嘉、这次进步了"。教师应以朋友的姿态与学生亲近交流，引导他们相信自己与他人一样，在意识层面减少"不敢"心理的产生，降低自卑感的质变。同时，教师也要充分利用教育者本身的行为，例如用亲切的目光注视儿童，激发儿童踊跃发言的心理，发挥教育潜移默化的作用。

第二节　学习困难

一、简要概述

我们经常会遇到这样的学生,他们智力基本正常,但学习成绩差,且常伴有一些不良情绪和行为,如对学习缺乏兴趣,遇到困难易退缩,甚至厌学、逃学,易激惹、有攻击性行为等,这些学生有可能存在学习困难。所谓学习困难学生,指的是那些智力发育正常,但是在学业上表现出落后状况的学生。学习困难学生的转化工作,需要班主任给予更多的关爱,争取多方力量的支持,最大限度地挖掘学生的潜能,指导家长、协同学科教师共同正确认识、科学面对,促进他们成长。

班主任对学习困难学生的辅导,不同于学科教师。学科教师主要针对学习困难学生和自己所教学科的不同特点采取相应的策略,但班主任的辅导则是要把学习困难学生视为完整的个体,从而综合地、整体地促进学生的认知、情绪和社会性发展,如此才有可能产生更好的辅导效果。

二、理论视角

吴增强教授曾运用 Q 聚类分析,从能力和动力两个维度将学习困难学生划分为四个主要类型,即暂时性困难、能力型困难、动力型困难和整体型困难。[①] 他通过研究发现:暂时性困难学生中有些人在参加课堂活动时缺乏积极、紧张的思维,缺乏主动、兴奋的情感投入;有些人则因受到外界突发事件影响(如父母闹离婚、生病、早恋、与同学关系紧张等等)而情绪受到严重干扰,学习分心等。能力型困难学生,虽然能力较差是他们学习上的主要障碍,但他们的动机、意志水平不低,这是他们身上十分宝贵的尚

---

① 吴增强,等.学业不良学生类型与特点的聚类分析[J].心理学报,1994(1).

未开发的动力资源。动力型困难学生在学习态度、动机、意志以及自我意识等方面存在较多的障碍，他们的能力更多地被动机不足所抑制。整体型困难学生则由于长期的学业失败，经常受到教师、家长甚至同伴的否定，产生消极的自我概念，对自己缺乏自信，从而丧失对学习的兴趣和愿望。

每个学习困难学生的成因往往都不太一样，形成学习困难的内部因素有学习认知力差、学习意志力较弱、学习策略不合适、学习习惯不良、缺乏学习兴趣等。学生学习困难的影响因素是多方面的，佐野良五郎于1978年发现有三类性格类型始终影响学业成绩，它们是学习习惯未确立型、情绪障碍型、自立精神未发展型。其中学习习惯未确立型的学生每天不复习和预习，读书时有口无心，未掌握正确的学习方法，未形成自学的独立性，未掌握有效的学习方法，因而陷入学业不良。情绪障碍型的学生做什么事都没有信心，对别人的话漠然置之，充耳不闻，他们从小就被埋身于父母或师长布置的难度过高的课题之中，有过多失败的经验，与成绩优秀的同辈和朋友比较，产生了自卑感和焦虑，因此上课时注意力不集中，不能以自身的步调进行学习，从而陷入学业不良。自立精神未发展型的学生依赖性强，牢骚满腹，我行我素，未形成与年龄相应的自立精神，因此不思学习，陷入学习不良。

在各年级中，学习习惯未确立型学习困难学生的比例最高，其次是自立精神未发展型和情绪障碍型。另外，学习习惯未确立型的学习困难学生比例随学年递升而增加，而自立精神未发展型的学习困难学生比例随学年递升而递减，也就是说，在低年级，学习习惯未确立型和自立精神未发展型性格是学业困难的主因，随着学年的递升，学习习惯未确立型性格则成为左右学习表现更为重要的因素。

家庭环境也是影响学习困难的重要因素。不同的家庭环境对学生的心理发育可产生不同的影响。家庭成员的知识水平对学生的学习能力起着重要的作用，家庭中良好的亲密度、知识性和组织性对学生的学习成绩起着正向作用，而矛盾性高的家庭由于环境不和谐，会严重影响（负面）学生的学习成绩。

学习困难学生的社会性问题主要表现在以下几个方面：（1）与非学习困难学生相比，学习困难学生的自我概念较差，经常会有消极的或不良的自我概念、自我评价；被同伴拒绝、缺少社交技能和由此产生的焦虑感，让他们更加容易产生孤独感。（2）语言困难。学习困难学生在理解寓言、幽默和难懂的句子时存在困难；在与他人的交流中采用的语言往往比较消极,并常常富有挑衅意味,其他同学往往会因此而不愿去接纳他们。(3)学习困难学生成绩差,导致他人对他们的认知变得消极,从而使得学习困难学生表现出退缩和放弃,最终很可能会变得不愿与人交往,逐渐产生孤独感。(4)缺乏独立性。学习困难儿童缺乏独立、自主学习的能力,往往会过分地依赖成人(父母或教师)。(5)社会行为不良。"经常性的说谎、逃学、偷窃、打架、违纪、攻击行为和退缩行为、冲动、不善交往、羞愧、欺骗等造成学习困难儿童与其他同学之间更加疏远。"[1](6)注意缺陷。"学习困难儿童不能长时间集中注意从事某项活动,他们很容易就会受到无关刺激和外界刺激的干扰。有研究表明,学习困难儿童注意缺陷与许多行为或情绪问题有关。学习困难儿童还存在着认知能力和学习技能落后于普通儿童等问题。"[2]

三、辅导建议

案例

学生小天,胖乎乎的,能说会道,是个挺可爱的男孩。可是在学习方面他给人的感觉就没那么好了,上课时思想老是不能集中,做作业时动作很慢,老是磨磨蹭蹭,而且不肯动脑筋,回家作业经常不做,即使做了,也做不完整,书写相当潦草,小组长每天都向我告状。于是,我找他谈话,希望他能遵守学校的各项规章制度,以学习为重,按时完成作业,知错就改,争取进步,做一个人见人爱的好孩子。他口头上答应得好好的,但行动上却是"勇于认错,坚决不改",依然我行我素,毫无长进。每次我都要被他气晕了,心都快冷了,多少次想想还是算了吧,但又觉得身为班主任,不能因一点困难就退缩,不能因一个学习有困难的学生无法转化而影响整个班集体,我要对得起自己的良心,我要尽最大的力量去帮助他!

① 刘在花,张承芬.学习困难儿童社会性问题的研究[J].山东师范大学学报,2004(5).
② 刘在花,张承芬.学习困难儿童社会性问题的研究[J].山东师范大学学报,2004(5).

为了提高他的学习成绩，我除了在思想上教育他，感化他，还特意安排了一个责任心强、学习成绩好、乐于助人、耐心细致的同学诺诺跟他坐，目的是发挥同伴的力量。事先，我和诺诺进行了一番谈话："小天的学习遇到了困难，需要我们的帮助，你来做我的小助手，一起尽自己最大的努力，耐心地帮助他，督促他争取进步，好不好？"诺诺满口答应，并充分利用课余时间或课堂时间帮助他。当然，有些时候，诺诺同学也会显得不耐烦，说小天不太听话，不太乐学……每当此时，我就跟诺诺同学说："你已经做得很好了，我们给小天点时间，慢慢来。"在小天同学取得进步时，除了表扬他，我也不忘鼓励同学们，说这离不开同学们的帮助，特别是诺诺同学的帮助。终于，在同学们的帮助和他自己的努力下，小天同学在各方面都取得了不小的进步。他学习上更努力了，积极性也提高了，成绩有了很大的进步。为此，我由衷地感到高兴。

作为班主任，看到孩子有学习困难这样的问题，一定要科学对待。平日里要给予这类学生更多关爱和耐心，从关注人内心美好、积极的一面出发，鼓励他、引导他、安抚他，并想方设法为其创设产生积极主观体验的机会。

这则案例向我们展示了朋辈教育、同伴相助的力量。很多时候，同伴的力量胜过老师的力量。一旦同学间建立起友谊的桥梁，他们就会无话不说，也能没有负担地提问和求解，这些都有利于学习困难学生的问题解决。因此班主任要重视并且善于利用同伴的作用，为那些学习困难的学生寻找到适合他们的同伴群体，让学习困难学生的问题在同伴群体积极的态度和良好规范的作用下得以解决。通过同伴作用的力量，来促进学习困难学生积极心理品质的形成和发展。

除此之外，班主任还可以做如下努力：

1. 加强学习指导。不少学习困难学生没有形成正确的学习方法，往往抓不住重点，不会合理安排时间，消极被动。教师可根据学生的不足，对如何做好预复习、听课、合理安排时间、记笔记等进行个别化指导和督促。鼓励他们多发言，多练习，有错及时改正，不懂的多提问多请教。例如对于读写困难的学生，也就是在阅读、书写或拼字方面有困难的学生，教师可以从指导书写、绘本阅读理解入手；对于言语智力低、语文学习较困难的学生,教师可以重点教授阅读习惯和方法,如圈圈画画、好词好句摘抄和诵读等,指导其阅读。

2. 争取学科老师的支持和配合,保持步调一致。(1)注意改进教学,放慢速度,放低要求,如减少学习困难学生的作业量,给学习困难学生提供分层作业、优先面批的机会,给予他们更多的针对性帮助和辅导,使学习困难学生有机会获得积极体验。面对他们的学习问题和反复错误,耐心对待,允许他"慢点",不催促。(2)注意坚持要求不松懈,不断正强化,促使学生在适应中逐渐养成习惯;当学生有进步、逐渐掌握学习方法、养成良好习惯时,要不吝表扬,及时肯定和鼓励,以增强学生的自信心,使其明白"自己并不笨,只是不够努力,今后像这样努力了,我会越来越好!"

3. 争取专业人员的介入。对于智力发展缺陷较严重如有多动症、阅读障碍的学生,教师可以与特教老师、心理医生、心理咨询师合作,通过治疗或咨询帮助学生。

4. 做好情绪安抚。学习困难的学生由于学习成绩不佳,即便老师不批评,他也会不开心。假设老师再不停批评他,他的情绪会更不好,当他带着这种情绪对待同学时,收到的来自同学的反馈通常也是不好的情绪。老师、家长要学会安抚孩子的情绪,如家长在孩子回家后抱抱他、安抚他,老师不批评、多鼓励、多表扬等。

5. 加强家庭教育指导。学习困难学生的转化更需要家长的支持和配合,班主任要加强与学生家长的联系及沟通,帮助家长正确认识"学习困难",了解造成孩子学习困难的具体原因,改进教育子女的方法,减少和降低对孩子的要求。

(1)结合孩子的特点,做适当的引导和纠正。比如:有的孩子经常把数字和字母搞混,父母在辅导孩子学习时应耐心地加以提醒,就拿 b 和 q 来讲,我们可以利用孩子形象思维能力比较强的特点,把 b 比作头朝下向右看的小人,把 q 比作头朝上向左看的小人。这样两个字母在孩子的心目中建立了形象,就不容易混淆了。

(2)家长可以增加孩子写作业的中间休息环节,比如和孩子协商写半个小时,玩 10 分钟。这样就会让孩子从原先的"必须忍耐"的消极状态,转变为"快把作业写完"的积极状态。这种积极的状态能帮助孩子集中注意力,在不知不觉中克服粗心的毛病。

(3)可通过讲故事、谈心、做亲子游戏等方式让孩子认识到,学习是小学生应该担负的义务和责任,对各项学习任务都要采取认真、严肃的态度,从而引导孩子端正学习态度、明确学习目的、增强责任心,培养孩子的有意注意。

（4）与老师配合培养孩子良好的学习习惯,如先复习后做作业,写作业计算完成的时间,写完作业要检查,书写要工整,作业要整洁等。习惯成自然,良好的学习习惯有助于孩子克服粗心大意的毛病。

（5）发现孩子写得对做得好的地方,家长要注意及时地给予表扬鼓励,调动孩子克服毛病的积极性,使孩子看到进步,对自己充满信心。有的家长给孩子建立了一个"错题医院",就是画一个作业差错登记表,把孩子在作业中做错的题目收集起来,由他自己去填写自己出的差错,自己当医生,诊断、治疗,直至痊愈出院,这样做就会不断减少差错,使孩子看到自己的进步和希望,增强孩子的自信心。

（6）帮助孩子克服粗心大意的毛病。指导家长要细心和耐心,能从孩子的实际情况出发,采取适当的办法,帮孩子确立一个个小目标,一个一个地去实现。通过实现小目标,帮助孩子养成好的学习习惯。如对于观察力较差的孩子,指导家长带领其带着问题去观察,用身边的人、事、景进行观察和思考的训练。对由于早期发育不良等原因造成的学习困难,推荐家长带孩子去专业医院进行必要的治疗,予以医学上的干预。

每个孩子都是独一无二的,需要我们细细地观察,慢慢地走近,才能看懂他们的世界,从而找到适合他们的教育方法。学习困难学生的转化工作尤是如此,它是每位教师面临的难点,如果教师能以积极的心态面对,激发并利用好学习困难学生内在的积极力量和优秀品质,则一定能最大限度地挖掘他们的潜能,促其成长。但如果是显著的学习困难,班主任可建议家长送孩子去专业机构进行智商测试,排除智力因素。为孩子选择更适切的教育,也是一个有利于学生发展的方向。

第三节　情绪失控

一、简要概述

预防和减少学生情绪失控的行为,是班主任心理辅导的重要内容。预防和减少情绪失控的发生,需要创设民主、平等、信任的师生关系,营造温暖融洽的班级氛围,协同学科老师、家长的多方力量等。面对情绪失控的学生时，班主任需要去情绪化，以更多的耐心去接纳和理解学生的情绪，陪伴他、安抚他，并采取行之有效的情绪调适方法，陪伴他们走出失控的情绪沼泽。

面对情绪失控的学生，班主任与心理老师的处置方法既有相同之处，又有不同侧重。相同的是两者都需要遵循情绪调适的理论，以平复学生情绪为首要任务。不同在于心理老师可以对学生进行一些情绪放松技术的训练，班主任则更多运用隔离、安抚、沟通甚至威慑的方法来平复学生情绪，并在日常教学中加强对学生情绪理解、表达等能力的培养。

二、理论视角

情绪在生活中无处不在，是青少年与世界沟通的主要途径之一。具体而言，青少年的情绪管理能力包含正确感受自己情绪变化的能力、及时洞察他人情绪状态的能力、在不同场合表现出得体情绪的能力以及使用恰当的策略调节情绪使其尽快恢复正常的能力，这些都是青少年社会能力不可或缺的重要组成部分，是适应社会、实现自我发展的重要基石。青少年的情绪理解、情绪表达和情绪调节不仅对其亲子关系、同伴关系和社会交往能力的发展至关重要，也是其早期人格发展的基础。

有学者认为："情绪管理是个人为改变情绪体验的程度或质量而采取的行动，也包括根据环境来进行的情绪调整或改变等。"[1]沙洛维和梅耶认为情绪智力包括准确地觉察、评价和表达情绪的能力；接近并产生情感以促进思维的能力；理解情绪及情绪知识的能力；以及调节情绪以助情绪和智力发展的能力。沙洛维后来将情绪管理能力看作是情绪智力的一个重要组成部分。

作为教育工作者，尤其是班主任，对不同年龄段的学生情绪表现特点应有适当的认识和了解。如小学阶段，是人生中情绪情感发展变化相对明显的阶段，该阶段学生易受周边事物的影响和支配而激动，且难以控制，比如情绪变化幅度大，容易受班级同

---

[1] Hochschild A. Emotion Work, Feeling Rules and Social Structure[J]. American Journal of Sociology, 1979,85：551-575.

学和教师的影响,时而因教师的鼓励而情绪高涨,时而因与同学的矛盾而情绪低落,情绪状态不是很稳定。进入高年级,小学生生理上发生显著变化,加之学习要求逐年提升,情绪发展变化的幅度也较大。进入青春期后,则表现为对外界刺激反应敏感激烈、暴躁、易怒。班主任需要关注学生的心理健康,在日常的教学以及常规的班级管理中,能够随时为学生做好榜样,并及时对学生的不良情绪进行干预和引导,提高学生日常情绪管理能力,培养积极的情感,保持向上的情绪状态。

但在班级日常管理中,大部分教师主要关注学生的学习成绩、行为规范、道德准则、安全问题,而忽视学生情绪情感调节能力的发展,久而久之,不仅会影响班级的凝聚力,还会影响学生日常的学习和生活。在这个阶段给予学生适时的情感关注和心理引导,对学生的发展至关重要,会让他们一生受益无穷。

三、辅导建议

案例

小袁,第一天报到给我的印象是清秀、聪明。如果不是相处久了,加上几个老师成天抱怨,真不敢相信,小袁非但不像表面看起来那么文静,反而很是"暴躁",是个典型的让人担忧的学生,比如上课基本不听老师讲课,经常自顾自地在课桌上画画,或者用铅笔将课本戳破。有一次作业出错,我让他擦掉订正,他竟发起了脾气,将作业本扔到地上,用脚猛踩几下,哭着叫了起来:"讨厌上学、讨厌老师。"

我心中很是好奇:为什么他会有这么大的反应?是不会做吗?

他的过度反应,让旁边的同学都躲得远远的,不敢靠近他。我走过去牵着他的手,将他带到学校一个安静的地方,和他肩并肩坐在楼梯上谈心,慢慢地,他的坏情绪渐渐平复下来,随后他竟然哭了起来,哭得非常伤心,我并没有多说话,只是用手轻拍他的背。孩子毕竟是孩子,之后便将心里诸多的不满一股脑儿地向我倾诉，其中不乏对他父母的不满，也有对班里同学、授课老师的不满。我帮他一一分析为何他的心里会有这么多的不满，分析完之后他也能从中明白过来，似乎这些烦恼和不满并非都是他人的过错，这时的他也能够耐心地听我讲道理，并给出正确的应答。

回到办公室，我打开孩子的学籍卡——爸爸，本地人，自由职业者；妈妈，外地户籍，务工。我想孩子身上的问题，不能头痛医头，脚痛医脚，根源很可能在家庭。我联系他妈妈打算预约家访，却被婉拒了。于是我们约好第二天让他妈妈来学校。

我从小袁妈妈处得知：他们夫妻正在闹离婚。目前孩子跟爸爸住，学习主要由爸爸负责，但是妈妈也会经常嘘寒问暖。之后我又找机会与小袁的爸爸交流，明显感到了小袁爸爸的特别：他对国内的教育体制十分不满，认为学校的学习压力过重，抹杀了孩子的天真；他表示对孩子的学习没有要求，认为孩子的思想和品行在自己的教育下没有任何问题，相信孩子即便不接受学校教育也会出人头地；认为小袁会发脾气，主要是被激惹导致的，也是被他妈妈惯的，而且小袁和自己在一起的时候都非常听话，只是在学校和妈妈那里会出现问题，而这些，他认为是妈妈没有管理好孩子、学校对小袁的教育不到位、教师不合格导致的。

后来由于小袁多次情绪爆发，在与他爸爸多次打交道的过程中，我，包括学校领导和心理老师都领教了他的固执，进而，我们都明白了小袁为什么会有这样的态度和表现。

在家庭教育中，夫妻关系不和，亲子关系极可能会有缺陷，而在有缺陷的亲子关系和家庭教养中，可想而知孩子的身心会多么压抑。那我该怎样帮助小袁呢？

我首先想到的，是用爱去取得小袁的信任，让他在感觉无助时能首先想到我，不认为自己是孤单的。于是，我会每天默默地走到他身边，手把手教他把桌子整理好；课上，我会抽他回答一些简单的问题，并当众表扬他；我知道他喜欢看书，为了让他能在无聊的时候有事干，还给他买了一些绘本，希望他能明白书中简单的道理，有所收获。当我将《请不要生气》和《妈妈，我真的很生气》两本书送给他时，他满脸笑容，大声地说"谢谢"。我感觉到了这个孩子对我的接纳。慢慢地，我发现了小袁的变化，比如语文课，他偶尔会举起小手了，课堂作业也开始交了，下课了会在办公室门口转来转去，我心里明白，他是希望引起我的注意。更让我高兴的是，在他发脾气时，他愿意牵上我的手跟着走。

哪个孩子会不在意自己的学习成绩呢？小袁也不例外，但他很厌恶做作业。一次放学，我将他独自留下，拿出了他交的练习纸，煞有介事地肯定他："能主动做完整张练习纸，进步了很多。"然后又让他坐在我身边，一题一题地指导他应该怎么做，还不时地用假装可惜的口气跟他说："这道题课上讲过的，假如你认真听了，肯定会做的。"他也知晓正是因为自己平时上课不认真听讲，所以才会有那么多的字不认识，那么多的题不会做。那天他很快把试卷订正好了，表现出了不同寻常的认真，作为鼓励，我给了他一个大大的拥抱。

要让小袁不讨厌学习，还要让他在班级找到归属感，从而很好地融入班级。我注意把握好每一次活动的育人契机，让他一起参与：六一节活动散场后，他主动留下来帮助阿姨把小凳子都放好，而且做得又快又好，得到阿姨的满口夸赞。回到教室后，我当着全班小朋友的面表扬了他。他开开心心地参加学校的义卖活动，使劲吆喝拉"生意"。这分明是一个心中有集体的孩子啊，我感到很欣慰！

其间，我又与小袁的妈妈沟通了几次，委婉地向她建议，希望她多抽些时间陪陪孩子，多给孩子一些温暖，或者试着多与孩子做些沟通，用爱和宽容影响他。同时也向学校心理老师寻求帮助，在情绪方面给予孩子心理辅导。

在老师和小袁妈妈的共同帮助下，这学期小袁的进步还是有目共睹的，当他觉察到自己的愤怒情绪时，会尽量克制，不再随意挥动他的拳头。学习上他也会主动写完课堂作业，并且及时主动地交给老师。慢慢地，同学们也和小袁在一起玩起来，不再像以前那样害怕他了。小袁妈妈也多次向我提及自己能感受到孩子的变化，虽然花费了许许多多的精力，但只要看到孩子的点滴进步就都是值得的。

心理学家认为"爱是教育好学生的前提"。作为班主任,对于小袁这样特殊的学生,老师主动去亲近他,关爱他,温暖他,接纳他的感受,包容他的缺点,分享他的喜悦,能拉近师生的距离。在学生出现过激情绪的时候,班主任能在陪伴中安抚和缓解学生的情绪,能达到影响和改变他的目的。

当学生出现情绪激动现象,如哭泣、吵闹时,作为班主任,可以这样做:(1)陪伴——在一起,不留学生独处。(2)倾听——保持冷静,耐心倾听,不评判不说服,不带任何价值观地倾听,保持中立,与他共情,让他倾诉自己的感受,认可他表露的感情,不试图说服他改变自己的感受。(3)安抚——肢体接触,表达关心。(4)求助——必要时向学校危机干预领导小组及时汇报,向专业的心理服务机构求助。(5)告知——及时告知家长,让家长知情。

对于学生情绪过于激动的极端情况(如扬言要自杀),老师不可掉以轻心,要及时作为,争取化危为机。班主任可以这样做:在确保学生安全的前提下尽可能地安抚他,让他相信可以获得所需要的帮助,并鼓励他寻求这些帮助。请老师记住:一个人的力量是有限的,班主任同样需要校长室、德育处、学校心理辅导中心等后援力量来共同帮助危机中的学生。

读懂学生需要一个过程,而我们最应做的就是做好学生的陪伴者和倾听者。当班主任有了更多读懂学生的方法,工作也会有更多改善的可能,更重要的是你将赢得一片学生的心。

第四节　人际冲突

一、简要概述

班级是个小社会。作为班主任,当面对学生之间出现纠纷矛盾时,是采取粗暴的棍棒式教育,还是认真倾听、循循善诱?班主任在处理学生问题时的态度和方法起着相当重要的作用,在很大程度上决定着学生对班级管理的认可与班集体氛围。班主任需要认真对待每一个学生遇到的人际交往问题,关注现象,读懂学生的心理,并掌握一些心理辅导的原则和方法,采用个别辅导和集体教育相结合的策略,有效化解学生间的人际冲突。

二、理论视角

有学者认为,"冲突是一个动态的过程,通常发生在相互依存的同伴间,是彼此感受到意见不合和为达到目标而受到干涉,做出的负面情绪的反应"①。有学者认为,"冲突是一种过程,一种肇始于一方感觉到另一方对自己关心的事情产生或将要产生消极影响的过程"②。冲突是一个过程的变化,表现为心理或行为上的争执、对抗;其本质属性是矛盾和不协调。罗宾斯提出五阶段冲突理论③,把冲突的过程划分为五个阶段,即潜在的对立、认知、行为意向、行为及结果,该理论给我们的启发是采用恰当的手段处理冲突将获得有益的结果,处理得不恰当就会产生有害的结果。

"中小学生冲突特指学生之间由于学习、沟通、个性、竞争、背景等方面的差异而引发的一方试图维护自己而阻止对方达到目的的一种动态过程。"④相比较小学生,中学生产生冲突的原因更加复杂。中学生处于青春发育的特殊时期,在情绪上会表现出易冲动,自我为中心等特点,他们在与外界接触的过程中产生与他人的冲突或引起个体内在的冲突,往往与很多因素有关,如伙伴交往能力、认知发展水平、个体心理差异等。

冲突有不同的类型,车丽萍按照冲突水平不同,把冲突分为个体内部冲突、人际冲突、群体内冲突、群体间冲突和跨文化冲突五种层次。罗宾斯根据结果影响的不同,把冲突分为功能正常冲突和功能失调冲突。多伊奇(Deutsch)区分了五种类型的冲突,包括平行的冲突、错位的冲突、错误归因的冲突、潜在的冲突、虚假的冲突。⑤ 区分冲突的类型与层次,可以帮助我们更好地化解冲突。

---

① 陈松.中学生冲突中班主任的管理方式研究[J].才智,2020(9).
② 孙泽厚.组织行为学[M].北京:清华大学出版社,2010:253.
③ 张丽欣.高中生宿舍人际冲突问题研究[D].长沙:湖南师范大学,2019.
④ 陈松.中学生冲突中班主任的管理方式研究[J].才智,2020(9).
⑤ 张丽欣.高中生宿舍人际冲突问题研究[D].长沙:湖南师范大学,2019.

教师在对学生之间的矛盾冲突进行处理时,不仅要对事情进行是非判断,更要引导学生处理情绪冲突,提升道德认知水平,提高应对和解决心理问题的能力,提高伙伴交往的水平。如何妥善处理学生间的冲突事件,帮助学生消除隔阂,创造出良好的学习氛围和班级氛围,是每一位班主任必须具备的基本功,处理得当将有助于学生身心的健康发展、班集体的合理建设和教学活动的高效进行。

三、辅导建议

案例

一天中午,小强跑来告状说:坐后面的小刘把课桌搬得太前了,挤得他要命! 他把小刘的课桌向后挪了一点,小刘很不高兴,又将课桌移上前来,还威胁要打他。

我立即来到教室,一看,果真如小强说的,就对小刘说:"小刘,你自己看看,这里能坐人吗? 还威胁要打人,太不像话了! 同学之间要……不要……"一通批评教育后,小刘极不情愿地将课桌挪了回去。

我以为此事就这样化解了,却不想放学后小强又跑来说:"小刘又将课桌朝前移了,还说:'有本事你去告老师呀! 我谁也不怕!'"

小刘说出这样的话来,一方面表明对老师的处理有意见,另一方面也表现了对小强同学"打小报告"行为的强烈反感。如果老师继续使用"威严打压"的处理方式,非但不能解决此事,还有可能使两位同学间的矛盾进一步加深。该如何处理呢?

第二天我找到小强说:"你提出要小刘将课桌向后挪一挪的要求,老师认为完全合理。小刘的确是脾气有些急躁,你平时多尊重他一些,不要看不起他,也许你们两个人关系会好些,事情也好商量着解决。这样,你想一想,如果你用商量的语气跟他讲,会不会他就自己搬回去了呢?""你这么聪明,老师相信你能想出办法自行妥善地处理好这件事……给你两天时间去试一试,我等你来告诉我事情的发展状况！"

过了一天，小强同学前来向我汇报，他眉飞色舞地告诉我："问题解决了！"我问他是怎样解决的。他说："小刘看不清老师在黑板上留的作业，我就主动念给他听，拿给他抄，在他高兴的时候，我主动承认了不该动不动就打小报告的错误，然后再请他将课桌向后移一点，他就自己移了。"

小强和小刘同学的矛盾化解后，我在班上表扬了他们能够主动自行化解纠纷、矛盾的做法，并鼓励同学们："矛盾、纠纷不可避免，同学间有了矛盾得先冷静下来，考虑一下，有没有可能自行化解？该怎样化解？相信大家能处理好同学间的矛盾，我不提倡动不动就告诉老师的做法，这让有些同学很反感，同时还有可能加深彼此间的矛盾，我希望其他同学遇到类似情况，不要事不关己高高挂起，要积极、主动出面调和矛盾……"

（一）自己能解决的矛盾，让孩子自己解决

1. 老师平和心态，冷静处理

作为班主任，面对学生间的矛盾冲突时，首先要控制自己的情绪，表现出包容和耐心，倾听学生表达，这样既有利于公平公正地处理矛盾，也便于做出最佳的应对思考。

2. 分析问题，指导自行解决矛盾

班主任要多方了解情况，与学生进行沟通，尊重学生日益增强的主体意识，帮助学生分析问题的症结所在，引导发生冲突的同学自主解决问题，培养学生自主解决冲突的能力。案例中班主任的处理结果是令人满意的，不但解决了纠纷，更给予了学生自己解决问题的机会，证明了学生拥有自己解决问题的能力，是一种成长的锻炼。

3. 化矛盾为发展，指导修复

案例中班主任借此开展教育，指导学生自行修正错误的方法，化矛盾为发展。修正错误或化解矛盾，不能仅停留于口头，如果班主任以此为契机，指导开展同伴交往的专题课，进行实操指导，会从根本上减少矛盾的发生。

第一步：承认。如果意识到自己犯错了，并想要道歉或解决，在你道歉或弥补前，想一想，有什么重要的事情要做？可以尝试列出清单，比如：我们必须为错误承担责任；所有相关的人需要冷静下来；所有相关的人需要态度诚恳；我们不能找借口。

第二步：和好。我们能对那些被我们伤害的人说什么？"对不起""我为自己的所作所为道歉""对不起，下次我不再这样了"等等。

第三步：解决。为了解决问题，教师可以引导学生思考改正错误的方法，并鼓励学生通过行动让被自己伤害的同学心里好受些。

可见，有些问题，只要教师引导得当，学生也能处理得很好，甚至比教师亲往调解、评判效果更好。

（二）矛盾冷处理，让孩子先冷静，认识自己的错误

冷静能够让学生恢复理智，客观公正地看待事件，从而化解冲突。很多时候，学生在发生冲突后冷静回想一下，往往会发现起因幼稚可笑。因此，当学生发生矛盾时，班主任应先设法让双方冷静下来。

例如，某天课后，班长就急急忙忙地跑过来，边跑边喊："老师，不好了，小王和小张在教室里打架，我怎么劝也不行，打得非常厉害。"班主任走进教室，一句话也没说，扭成一团的两个小家伙，看到老师来，也停止了行动。班主任示意这两位同学去办公室，安静地反思，想想自己错在哪里。班主任并未因此责备他们，而是让他们先冷静，自己则做其他的事。没过几分钟，小王就主动凑上来承认自己的错误，随后小张也承认了。班主任趁机了解了情况，让他们彼此道歉，握手言和，两个孩子就欢欢喜喜地出去，把刚才的不愉快抛到九霄云外去了。

有时安静的力量是强大的，远远超过大吼大叫的效果！当然，遇到特殊情况，老师也要下功夫认真查清原因，分辨是非，必要时联系家长共同解决孩子之间的冲突。

（三）加强温馨教室建设，营造良好的人际环境

在平常的班级管理中，如果班主任注意加强温馨教室的建设，很多学生矛盾就可

以在萌芽状态被看见,从而被处理掉。

1. 建设和谐的班级人际环境

班级不仅仅是学生学习能力发展的场所,更关系到学生社会化的过程。一个班级中往往会有不同性格的学生,作为班主任,要尽力消除各种不良因素,指导学生宽容、友善地对待同学;另外,开展学生喜欢、富有班级特色的班集体活动,也是促进学生良好人际关系形成的有效方法。学生在同伴交往过程中发展个性,和谐的同伴关系能够使他们产生积极、愉悦的情绪体验,从而促进他们健康成长,也会使学生产生对班级的归属感。

如某中队开展“上善美少年——眼中的美”系列活动,通过布置“上善美少年展板”、晓黑板或微信群的打榜宣言,引导学生发现同伴的优点,学会用欣赏的眼光看待他人。这些阵地激发了同学们的向善行为,积极向上的班级氛围由此形成,同学之间的关系也更加和谐了。

2. 指导学生人际交往

日常学习生活中,班主任可以联合相关老师,帮助学生建立良好的人际关系,培养学生交际能力。用好队课、心理活动课、晨会课等教育阵地,联合心理、道法教师开展专题教育:如借《友谊的小船》进行同伴交往辅导,借《情绪侦察机》进行情绪管理指导等,通过专题学习,引导学生学会交往和沟通的技巧,预防同伴冲突。

3. 培养和谐的师生关系

“亲其师信其道”,良好的师生关系对学生的认知过程和个性心理发展过程的影响是很大的。假如班主任眼中有学生、心中有学生,与学生是无话不谈的朋友、伙伴,可能学生不少的小心思会被提前看见,不少的矛盾会被提前发现,甚至提前消解。而好的师生关系,也有利于老师在处理学生矛盾时被欣然接纳。可见,赢得学生信任对于班主任工作开展非常重要。

4. 指导家庭教育,培育学生健康人格

班主任可运用信息手段,如微信、QQ、晓黑板等新媒体,或通过组织家长会、开展入户家访的形式加强家校联系,指导家长开展好家庭教育,为打造促进孩子健康成长的和谐积极的教育生态环境做出我们的努力,帮助孩子成长为向上、友善、宽容的人。

面对学生之间的种种矛盾和冲突,作为班主任要树立正确的教育观,做个有心人,相信只要有爱,就会有奇迹。

第八章

危机预防

危机伴随着人一生的发展，每个人都会遇到危机时刻。心理危机包括"危险"和"机遇"两个方面，如果处理得当则转化为成长机遇，如处理不当将造成心理失衡。本章主要从偶发事件处理、危机情况应对和灾难心理援助等三个方面对危机预防展开讨论，包括班主任如何正确处理学生偶发事件，化危机为契机，如何帮助学生积极应对危机情况，恢复心理平衡，如何给予学生心理支持，面对疫情和其他一些突发灾难，帮助学生度过人生中不同程度的危机时刻。

第一节 偶发事件处理

一、简要概述

偶发事件是指在教育过程中出现的一些突发并出乎意料的事件。比较常见的偶发事件有校园各类意外事件和校园内人际冲突，比如师生冲突和生生冲突等。亲子冲突，甚至学生离家出走也可能是需要班主任处理的偶发事件。班级管理中或多或少有"偶发事件"发生，偶发事件处理得当，不仅可以迅速有效地平息事端，同时可以转化为教育的契机，提高班主任的威信，促进学生的成长，改善师生关系。因此，班主任需要学习和掌握处理偶发事件的技巧。

从偶发事件的范围来看，学科教师一般处理在课堂上发生的，与课前预设不一致甚至相矛盾的偶发事件，班主任则需要处理涵盖班级学生在校甚至在家发生的偶发事件。

从偶发事件的处理方法来看，学校政教处重在处理产生严重后果的偶发事件，从学校层面给予意见,以起到教育当事人和警示其他学生的作用,班主任处理偶发事件更多的是班主任工作的一门艺术,需要将偶发事件转化为教育契机。

二、理论视角

了解偶发事件背后的情绪理论、人际冲突的归因及处理方式等知识,对班主任处理偶发事件具有积极意义。

(一)情绪相关理论

1. 人类三重脑理论

神经学家保罗·麦克里恩提出,人类的大脑通过不断进化,可以分为三个部分:最里层的结构是脑干,类似于爬行动物的脑,俗称本能脑,主要负责人类基本的生理活动,如心脏跳动、保持呼吸等。中间层是边缘系统,主要由早期哺乳动物进化而来,俗称"情绪脑",是大脑的情绪中心,具有行动、情绪、记忆等功能。最外层是大脑皮质,是人类区别于其他动物的大脑结构,我们常称之为"理性脑",主要负责人脑较高级的认知功能。保罗·麦克里恩认为控制情感的边缘系统(这个名词也是由他首次提出的),虽然生理上位于新皮层之下,但在很多时候能够干扰甚至阻止新皮层控制的高级认知功能的实现。[①] 这就可以解释为什么当偶发事件发生时,人们通常容易失去理智,表现得情绪化。因此,当有偶发事件发生时,不仅需要处理事件本身,更重要的是先处理涉事者的情绪。

2. 情绪认知理论

美国心理学家艾伯特·埃利斯提出情绪 ABC 理论,其中 A(activating event)表示激发事件,B(belief)是个体针对此激发事件产生的信念,即对事件的想法,C(consequence)表示个体产生的情绪和行为的结果。他指出并不是事件本身导致人的情绪和行为的结果,而是人对事件抱有的看法决定着人的情绪和行为。偶发事件产生

---

① [西]阿尔瓦罗·毕尔巴鄂.孩子的大脑:智商与情商的真相[M].北京:北京科学技术出版社,2018.

的一个重要原因在于个体的信念与周围环境不匹配。当个体无法理解发生在他身上的事情甚至抱有某些假想（不合理信念），觉得应该如此却又事与愿违时，就会产生不理智的情绪和行为。而个体只有放弃不合理的信念，才能使自己从不良的情绪中解脱出来，提升自己的积极情绪。

（二）人际冲突相关研究

学校作为一个群体，师生、生生之间产生分歧和冲突在所难免，特别是对于教室这样的小空间，人际距离过小，同伴之间容易发生矛盾或冲突，导致偶发事件发生。

1. 冲突的作用。冲突既有积极作用，也有消极作用。人们通常会看到冲突带来的消极影响而忽略了其潜在的积极意义。也就是说，虽然冲突会增加学生的心理和行为问题，但是，冲突也是青少年社会化的必经之路，如果青少年能在冲突中学会解决问题的策略和人际交往，那么冲突就是具有积极意义的。

2. 冲突的归因。冲突的归因可以分为外归因和内归因。外归因常常将错误归罪于他人，希望别人做出改变从而解决矛盾，如果对方恰好也是外归因的人，则很容易使问题陷入僵局；内归因常常寻找自身的责任，我们需要先解决自己的情结，发现自己内心的矛盾，而这是冲突的真正来源。从投射原理的角度来说，人际冲突是将对自己的不满意投射到人际关系上，因此解决冲突时最重要的是个体如何处理好自己内心的矛盾和纠结，从而使自己和他人的冲突能够得以缓解。

3. 冲突的处理方式和解决策略。有研究显示，"冲突对青少年发展的影响，不在于冲突本身而在于冲突的处理方式。家庭是青少年习得人际冲突处理方式的源头，亲子冲突处理方式与友谊冲突处理方式具有高度一致性"[①]。从关注自己和他人的两种维度，冲突处理方式可以分为回避、迎合、对抗、合作、妥协五种。冲突解决策略则包括学会换位思考、尊重对方并求同存异、表达需求并达成共识等。

---

① 王娟.青少年人际冲突处理方式的研究现状与展望[J].科教导刊,2015(04).

三、辅导建议

案例①

产假结束后，我回来接任六年级某班班主任，班级里有个小男孩，性格活泼：有次课间，他把长条状的气球两头扭在一起，做成一个小圈戴在自己的头顶，可爱至极；眼镜的度数低了，看不见黑板时就使劲揉揉眼睛，一幅可爱的萌态。当然，班级里还有一个男孩，开学第一个月就让老师们见识到了他的厉害：因为被老师批评几句，竟然和门卫闹翻，要闯校门而出，被老师抓住后，也毫无害怕之心，撒谎说自己不是这个学校的。你能想象这两个男孩是同一个人么？

这个同学平时的状态很乖巧，但是这样的偶发事件让我始料未及，我不得不面对，也因为这件事我注意到他：成绩中等，学习态度积极上进，在班级里不爱出风头，数学成绩比较好，和同学关系不错。他不是那种控制力很差，让老师头疼的"捣蛋鬼"，正因如此，他也是我们在教育工作中容易忽视的一类孩子。

虽然这是一件偶发的事件，但是背后肯定有值得探究的原因，平时很乖巧的孩子，怎么会突然爆发做出惊人举动？我们对中等一类的孩子平时比较疏于关心，这样的地带应该要加强教育。

我决定走近他，帮助他。这次的事情我没有在班级里大肆宣扬，而是低调地处理。我和他的家长联系，询问了他的成长情况，尤其是小学的学习状态、在家里的学习习惯以及家长的教育方式。我了解到，他是在父母的高期待中成长的孩子，对自己的要求很高，也很努力，可能是刚来初中有点不适应

---

① 案例由上海市松江区九亭中学黄美蓉老师撰写。

才导致了较为过激的行为。同时，父母在教育过程中有打骂的行为，这对孩子是个刺激，要知道，青春期的孩子处于叛逆期，这样做只会适得其反。

我开始利用课间时间和他聊天，甚至还会叫上他的小伙伴一起，营造一个很随意的沟通场景，减轻他的压力。慢慢地，我走进了他的内心，原来他很害怕爸爸，因为爸爸总是很凶地告诉他要好好学习，否则就要挨打。他自己也很想努力，可是很难坚持，所以总是看不到效果。

因为接触得多了，他把自己的苦恼一件一件跟我诉说，我获得了他的信任。私底下我经常和他父母沟通一些教育技巧，父母对孩子的教育方式和方法也有了一些转变。

让人欣喜的是，内外因共同作用终于有了效果，这个孩子上课比以前认真了，作业也变得干净整洁。一个学期下来，他的成绩有了明显进步，极端的行为更是无影无踪。

这个孩子的转变过程给了我很大的信心。其他同学也看在眼里，对我这个新接班的班主任有了更多的好感和信赖。

因为学业压力或者和周围人的关系没能力处理好，学生很容易产生过激行为，从而引发校园里的偶发事件。但回头去看，不难发现这些偶发事件在发生之前都是有预兆的，只是因为家长或老师的疏忽而没有被及时发现。这些疏忽，会让一些偶发事件因为过激行为而导致无法弥补的结果。班主任工作烦琐细碎，往往很多精力用在班级里最调皮捣蛋的孩子身上。成绩较好的学生自觉性更高，也更让人放心一点。而那些中间段的学生很容易被疏忽，班主任对他们的学业和内心的关注比较少，孩子们缺乏关注就容易引发不可预料的事件。因此班主任要把关注班级里所有的孩子，落实到行动中来。

针对不同年龄的学生不同的烦恼，班主任想走进学生的内心就要设身处地地理解孩子，利用以往经验帮助他们一起解决烦恼。学生对老师有天然的尊重，对班主任有天然的敬畏，他们信任老师，渴望接触老师，但是又不能控制自己调皮的本性。这个矛盾就需要老师去解决。如果学生一有问题，老师就动怒生气，紧盯着学生的问题,希望今天教育了明天就改正,师生关系会很僵,学生还会觉得老师总是针对他。办法总比问题多,老师更需要带着真诚帮助孩子的心,耐心地陪伴孩子们解决问题。

1. 从学生情绪着手,冷静处理、理性分析

偶发事件通常是突然发生的,班主任不要急于处理事件,要有耐心、不急躁。在了解了事情经过并处理事件前,班主任应在事发第一时间缓和学生的情绪,让其对事件保持客观的认识。

比如,当偶发事件发生时,班主任首先问问涉事学生"你怎么了?"在表达对学生关心的同时,引导学生说出自己的情绪,帮助学生觉察并接纳自己正处于情绪状态中,如愤怒、委屈、伤心等等。接着,班主任可以采用"积极暂停"的方式,让学生从"情绪脑"的发烧状态慢慢回到"理性脑"的冷静状态,可以带学生暂时离开事发现场,深呼吸、保持静默 3 分钟甚至更长时间。待学生平心静气后,班主任再尝试运用 ABC 理论提问学生"发生了什么事?""你对这件事的想法是什么?""你这么生气,想要表达什么希望或需求?"从而帮助学生辨析这些想法中哪些是客观事实,哪些是自己假想的不合理想法,引导学生给理性脑一点时间,意识到是事件背后隐藏的看法,影响着他的情绪和行为。

2. 从人际关系着手,仔细调查、客观公正

解决偶发事件需要经过客观公正、多方位的调查研究,需要班主任了解事件的全过程,掌握事件的性质和严重程度,找出问题的症结。通常可以从以下三个方面入手。

第一,通过当事人了解事件经过和起因。班主任通过仔细询问当事人对事件如何归因,了解事件发生的来龙去脉,同时观察当事人叙述时的思想和情绪状态,引导学生敞开心扉,帮助学生认识内心的纠结与矛盾。

第二,通过和与当事人交往密切的同伴、事件知情人的交流对事件进行核实。注意将当事人和知情人的相关情况做好记录,作为事件证明材料。涉及多人的偶发事件,班主任务必做到客观公正,避免依据学生的平时表现作主观判断。

第三,通过家访了解当事人在家及偶发事件前后的行为和思想变化。通过家访,了解学生在家及偶发事件前后的行为表现,深入了解亲子互动方式,分析家庭对学生的个性心理和人际互动产生的影响。

3. 从学生发展角度,谨慎处理偶发事件

班主任要认识到偶发事件的处理可能对当事学生和全班学生都有影响,如果一味批评和严惩学生,容易使孩子失去希望,破罐子破摔。班主任应针对学生的身心特点和个性特征,各个学生个别对待,具体问题具体分析,要用艺术化的灵活手段谨慎处理偶发事件。对于因学生的思想和行为偏差导致的偶发事件,班主任要本着教育学生、正面引导的原则,用关爱和真情感化学生,维护他们的自尊心,培养他们的自信心,及时挖掘他们的闪光点,帮助他们认识到自己的错误,通过行为训练和有效激励等方式逐渐矫正其不良行为,通过传授问题解决策略帮助其提高情绪和冲突管理能力。

第二节　危机情况应对

一、简要概述

心理危机是指学生在面对学习和升学的压力、对生活学习环境的不适应、自我认知和他人评价的差异、人际关系问题以及生活中遇到的重大应激事件或突发意外事件等情况时,无法用自己的资源和能力去应付和解决而出现暂时性的心理失衡状态。危机应对的主要目的有两点,一是避免自伤和伤人,二是使其恢复心理平衡与动力。

班主任与学校其他人员应对心理危机工作的区别在于:

1. 危机预防工作的对象不同。班主任重在危机预防,班主任在平时要及时和学生沟通,了解学生思想状况和心理状态,对学生进行生命教育,引导他们正确看待自身价值与生活的意义;心理教师重在通过个别和团体心理辅导,对学生进行心理疏导,必要时转介至专业医疗机构对存在心理问题的学生进行专业心理干预和治疗。

2. 危机预警工作的内容不同。班主任需要识别和筛选出心理高危学生转介到学校心理辅导室,同时在生活中关爱高危学生,帮助其解决实际困难;心理老师对班主任筛选的有高危预警的学生进行心理评估、辅导、跟踪。班主任和心理老师密切合作可以使很多心理危机问题在萌芽状态时得到解决。

3. 危机事件应对中的角色不同。当校园危机事件发生时,需要联动各方力量解决危机,恢复校园平静。校长是校园危机事件的决策者,心理教师是心理危机事件的专业指导者,班主任主要承担安抚者的角色,需要安抚并稳定全班学生的情绪,在得到学校允许的情况下第一时间发布真实的信息,根据学生的年龄和认知特点,用学生听得懂的语言解释可能出现的各种危机反应。

二、理论视角

(一)学生心理危机三级预警和干预体系

教育部《中小学心理健康教育指导纲要(2012修订)》中指出,心理健康教育应坚持发展、预防和危机干预相结合的原则,需建立校园心理危机三级预警和干预体系。

一级心理预防主要促进全体学生的心理健康。针对青少年发展的普遍规律,开展普适性的心理辅导课程和活动,培养学生良好的认知方式和健全的人格,增强心理调适能力,提高心理健康水平。一级心理预防需要班主任关注学生的日常心理波动情况,开展适时疏导,预防学生心理问题的发生。

二级危机早期预警主要对学生的心理状况变化早发现,早通报,早评估,早治疗,信息畅通,快速反应,力争将学生心理危机的发生消除在萌芽状态。二级危机早期预警需要班主任了解与识别学生心理出现危机的症状,及时发现学生的心理问题,经常与学校心理教师对可能出现危机的学生进行反复评估,提供支持性的班级环境和个性化的家庭教育指导。

三级危机干预主要将有心理障碍的学生转介到专业医疗机构,对已经发生的突发伤害性事件,做好应急处置和善后工作,预防相关学生出现心理危机。当校园危机公共事件发生时,班主任须第一时间参与处理危机事件,同时安抚班级其他学生的情绪。当危机事件过后,班主任对康复后的心理危机学生进行跟踪管理,帮助学生平稳度过心理危机,重新适应生活。

总之,班主任与学生的接触最为密切,与学生相处的时间最长,也比学校其他成员更了解学生的情况。班主任处于学生心理健康教育工作的第一线,是学校心理危机干预队伍建设中的骨干力量,在校园心理危机三级预警和干预体系中起到关键作用。

(二)学生心理危机干预程序(六步骤法)

1. 确定问题。从当事人的角度,确定和理解当事人本人所认识的问题。

2. 保证当事人安全。这是危机干预的首要目标,保证将当事人对自己和他人的伤害降到最低,危机干预全程都需要关注安全问题。

3. 给予支持,主要是倾听而非行动。危机工作人员不去评价当事人的经历和感受,而是通过沟通和倾听,让当事人感受到工作人员的关心和支持。

4. 提出并验证可变通的应对方式。提供能立即减轻危机的有关建议和措施,帮助当事人从环境资源、应对机制和积极的思维方式等角度认识到有其他可变通的方式可以选择,不至于让当事人产生绝望和走投无路的感觉。

5. 制定计划。根据当事人的能力,帮助其制定切实可操作的行动计划。让当事人感觉是自己制定的计划,感受到他们的独立自主权和自尊自信心。

6. 得到承诺。如果计划可操作,当事人可以在一段时间采取一定的行动应对危机。在结束危机干预前,危机干预工作者应该从当事人那里得到诚实、直接和适当的承诺。

(三)心理危机干预的四阶段

冯永熙老师曾提出危机干预的四阶段。

第一阶段:危机事件发生后一至七天内,提供必要的生活或物质上的帮助和安全措施。

第二阶段:危机事件发生后一个月以内,建立安全感、稳定情绪、培养自我效能感和建立社会支持系统等。

第三阶段:危机事件发生后一至三个月内,增加现实感、处理潜在的负性情感、增强适应能力等。

第四阶段：危机事件发生三个月后，要对部分学生出现创伤后应激障碍的症状进行识别和转介。

三、辅导建议

案例①

小童(男，初一)由于语言发育迟缓，学习困难，我在平时也对他多加关注。一天中午12点刚过，我来到班级时发现小童趴在座位上哭。我连忙询问其他同学具体原因，可是其他同学都不知道发生了什么。在我安抚小童时，平时比较照顾他的李同学告诉我：是因为班里有几个女生开玩笑说他和另一个玩得较好的男同学是一对，所以他气愤不已，觉得受到了侮辱。我急忙去询问这几个女生具体情况。这时，我突然听到教室后面传来了几个男同学的惊呼。原来是小童突然从教室后门冲了出去，想要跳楼，幸好被在走廊上的一位同学拽住了，避免了一场不幸。事件发生后，班级的其他同学都心有余悸。在快速安抚好班级同学后，我安排小童待在学校政教处，由心理老师等相关人员进行全时段陪护。同时，我联系了小童的妈妈和政教处的老师，要求小童的妈妈及时来校，大家一起沟通处理这个突发事件。

我们的解决方案是及时沟通协作，积极转换学生心理危机。

1. 调节自身情绪，及时进行家校沟通

在目睹小童跳楼未果后，我虽然暂时抑制住了自己的负面情绪，安抚班级学生并联系了相关领导和当事人家长，但是我自己也遭受了较大的心理冲击，情绪波动也比较大。为了更好地进行家校沟通，在学校政教处周老师的

---

① 案例由上海市松江区九亭中学柏慧老师撰写。

安抚下,我积极调整了自身情绪。在小童家长到校前,我和周老师沟通了当时的情况,如这次危机之前的预警和他平时的表现等。周老师也引导小童表达对这次事件的感受和情绪,同时对他进行再次安抚,稳定其情绪并予以关怀。小童的妈妈到校后,我和政教处周老师一起,和小童妈妈就他当时的情况和一些平时的表现进行具体的沟通。同时,周老师作为心理老师,给小童妈妈提供一些专业的心理建议。谈话后,我建议小童今天先回去休息一下,调整心情,明天我再邀请相关的学生和学生家长来校一起积极沟通这件事。小童妈妈感受到了学校的认真和负责,承诺今天回去后会好好引导孩子的情绪。

2. 积极处理诱因,联系相关学生家长

当天,政教处周老师对开玩笑的两个女生细细询问事件的具体内容、持续时间等情况,在要求她们下次不要再做出类似行为的同时,安抚她们,让她们心理压力不要太大。我随后联系了这两位同学的爸爸,希望他们今晚和孩子沟通一下这次事情,积极进行教育。两位家长态度也比较积极,承诺尽快来校,和当事人家长沟通此事。第三天,在我和学校政教处周老师的陪同下,小童妈妈以及两位相关同学的家长到校积极沟通此事。交流过程中,两位相关同学的家长意识到了此事的严重性并诚恳道歉,承诺下次绝不会再犯类似错误。小童妈妈接受了两位家长的道歉,也答应会联系心理专家积极处理此事。

3. 开展主题班会,优化班级及周围环境

为了避免小童后续的情绪波动,诱发心理危机,我随后在班级召开了主题班会,希望借助类似的案例让班级同学充分了解到不当语言的伤害和生命的可贵。其次,我也在课后与班级一些和小童接触较多的同学沟通,希望他们能在继续帮助小童的同时,多和他聊天,让他感受到同学们的关心和支持。再次,我对班级一些比较调皮的学生进行个别谈话,要求其提高自身的语言和行为素质,预防再发生类似的事件。最后,我也在课后勤进班,勤观察,多和小童及周围同学沟通,及时了解情况,营造班级良好的学习氛围。后续一周中,小童没有表现出类似的情绪波动,班级里也没有再次发生类似的危机事件,之后,小童也心情比较愉悦地度过了本学期。

4. 定期进行跟踪,确保其人身安全

在暑假期间,我主动地和小童的妈妈进行沟通,了解孩子的心理情况。在得知小童暑假期间能够帮妈妈做一些如照顾弟弟、洗碗等力所能及的家务时,我很高兴看到他的成长,也希望在心理医生的指导下,他能够积极地找出学习困难、人际沟通存在一定障碍的深层原因,建立起良好的适应能力。

新学期开学前,我致电小童妈妈,了解到小童确诊是由于语言发育迟缓和注意缺陷导致其学习困难,从而影响自信心和人际沟通能力的发展。目前,小童的妈妈每周三、四也会带他去心理医生处交流,希望帮助他找回自信,慢慢学习人际沟通的技巧。

为了开学后帮小童适应在校生活,避免心理危机,我给他调整了一个较为安全的座位,远离门窗的同时周边有一些友善的同学。希望他在安全地度过校园生活的同时,也能逐渐掌握与人沟通的能力,交到益友,实现身心的健康发展。

在应对这次心理危机时,我感受到了寻求专业支持和及时进行家校沟通的重要性。

1. 关注重点人群,进行心理危机识别

危机预防是危机干预中非常重要的一项工作,班主任需要注意重点人群和关键时间节点,提供支持性的班级环境和个性化的家庭教育指导。由于小童语言发育迟缓,学习困难,自信不足,我平时会对他多加关注,会经常聊天询问他在班级的近况。在重点关注小童的同时,我也为他寻找了一位善良有责任心的同学做他的朋友,在学习和生活上积极关心和帮助他。小童在此次危机前有过写遗书等行为表现,平时的情绪波动也较大。在寻求心理老师和政教处周老师的专业帮助后,心理教师对他做出了危机评估。在及时疏导和支持小童的同时,我也预警家长关注学生心理变化,给予必要的家庭教育指导。

2. 及时进行家校沟通,积极应对心理危机

由于这次心理危机的突发性和严重性,在寻求学校分管领导和心理老师

的帮助后,我也积极地联系相关学生家长进行沟通交流,希望避免后续的心理危机。虽然三个家长的心情不同,但最终的目的都是教育孩子。在三方都充分了解具体情况后,在学校分管领导的陪同下,谈话有方向、有目的地展开,三方家长都能较积极主动地处理此次心理危机。我也借助这个契机,以主题班会的形式对班级全体同学展开道德素质教育,优化班级环境。

3. 定期跟踪反馈,帮助学生适应生活

作为班主任要积极主动和家长联系,进行后续的定期跟踪反馈,及时了解学生近期心理情况。为了确保当事人的人身安全和帮助其重新适应生活,暑假期间我督促该同学家长联系心理医生,进行初步诊断和后期治疗。小童暑假期间情绪波动较小,能做一些力所能及的家务。希望他后续在学校、家长和心理医生的帮助下,能增强人际沟通的能力,避免自伤的同时能恢复心理平衡与动力。

班主任参与心理危机干预的策略可分为危机前识别、危机中应对和危机后应对,并就个案和学校、心理教师、家长沟通协作,提升学校心理危机应对能力。

(一) 危机前识别

危机预防是危机干预中非常重要的一项工作,班主任需要注意重点人群和关键时间节点。重点人群是指自述有自杀或自伤想法的学生,曾经爆发过心理危机的学生,有严重情绪困扰的学生,有明显学习障碍的学生,有青春期情感困惑的学生,有注意力缺陷及多动障碍(倾向)的学生,校园欺凌问题涉及的学生,成长处境不利的学生,近期遭遇重大生活变故的学生,目击恶性伤害性事件的学生等。关键时间节点是指如开学前两周和重大考试前后等重要节点,此时学生可能产生紧张情绪或感受到压力,容易诱发心理危机。班主任在日常工作中如发现有上述问题倾向的学生,或者在关键时间节点情绪波动较大的学生,需要及时上报给心理教师做出危机评估。班主任可以采用积极倾听的技术,及时给予疏导和支持,预警家长关注学生心理变化,给予必要的家庭教育指导,预防学生心理危机的发生。

(二)危机中应对

当发现有伤害性事件(自杀或伤人倾向)时,班主任需尽快到达现场,确定情况并找人通知校级分管领导和心理老师等待支援。如果学生还没有实施伤害性行为,尽量和他进行沟通,争取打消其行动。对有自杀倾向的个体,主要精力应集中在使他们放弃自杀观念上,而不是对自杀的原因作反复的分析和解释。① 将学生劝下后,家长如果还未到学校,班主任、心理教师等相关教师轮流对学生采取全时段陪护。如果发现学生已经身亡,班主任应做好班内其他学生(特别是目睹者)的情绪安抚工作。

(三)危机后应对

1. 班主任首先要调整自己的情绪。出现学生心理危机事件后,班主任自己会受到危机事件的影响,还需和家长沟通,又要维持班级学生的秩序,这时往往会体会到巨大的压力,经历较大的情绪波动。班主任需要理解、接纳自己对危机事件的各种反应,只有处理好自己的情绪才能有效帮助学生度过危机。

2. 引导学生表达对危机事件的感受和情绪。出现危机事件后,尤其是意外伤亡事故,学生短时间内发生复杂的情绪反应,都应该是"对不正常情境的正常反应"。班主任应及时告知学生这些情绪都是正常的,鼓励学生表达感受和情绪,但是不建议讨论事发现场的细节,创伤暴露和直接探索创伤有可能加重情绪反应。当然不可强迫学生必须表达,可以采取非言语的方式如绘画、音乐等让学生自然流露情感。

3. 对康复后的当事学生给予跟踪。有自杀未遂史的人属于自杀高危人群,对于自杀未遂后复学的学生,应由医院对其开具复课证明后才可复学。班主任需要密切监护,及时了解其学习、生活和思想状况,确保其人身安全。

---

① 吴佳.浅谈班主任在心理危机干预中的作用[J],科技信息,2011(10).

第三节　灾难心理援助

一、简要概述

灾难是指对人类和人类社会造成巨大破坏性影响的危机事件。灾难按其性质,可分为三个类别:自然灾害(如新冠肺炎疫情、汶川大地震等)、人为过失灾害(如静安大楼失火事件)和人为蓄谋灾害(如美国"911"事件)。灾后心理障碍主要包括急性应激障碍、创伤后应激障碍和适应障碍。冲击性的灾难如地震等带给人们的心理疾患主要有急性应激障碍和创伤后应激障碍。新冠疫情等维持较长时间的社会公共灾害则会引发广泛的心理压力、心理焦虑甚至适应障碍。对于青少年来说,新冠疫情的居家生活可能导致青少年的焦虑抑郁情绪、学校学习和交往功能受损以及各种行为问题。

以新冠肺炎疫情为例,班主任、心理教师、专业心理援助人员的援助对象和内容有所不同。专业心理援助人员经过紧急培训后,深入灾区第一线进行心理援助工作,援助对象可能是受灾群众和灾区一线工作人员,援助方式是对其进行心理防护工作,及时控制和减缓灾难的心理社会危害;心理教师主要对因疫情而出现恐慌和焦虑等应激心理反应的学生进行心理疏导;班主任主要在对班级学生身心健康产生影响的如生活作息、日常学习、亲子关系等各方面进行帮助和指导。

二、理论视角

(一)疫情下的常见心理应激反应

心理应激反应是指个体处于压力情境下产生的一系列身心反应,通常表现在认知、情绪、行为和躯体症状等多个方面。在短时间内出现心理应激反应是正常的,但如

果反应过度且维持较长时间,可能导致心理问题。疫情下比较常见的心理应激反应有以下几种:

1. 焦虑。焦虑是最常见的一种情绪性应激反应,主要表现在对疫情过度担心,容易紧张,注意力难以集中,情绪波动大,易激惹,还会出现容易出汗、呼吸急促、心跳加速、尿频尿急、口干舌燥和肠胃不适等生理功能紊乱。

2. 疑病。表现为总是怀疑自己得病,会对身体各种感觉特别敏感,将身体不舒服与新冠肺炎联系起来。

3. 抑郁。主要表现在情绪低落、容易哭泣,感到悲观,做什么事情都觉得没意思,没有兴趣,食欲不振或暴食,有些人会出现体重下降。

4. 睡眠问题。表现为入睡困难、失眠的情况。

5. 强迫性的重复行为。表现为即使知道重复行为没必要,但是忍不住去做,比如反复洗手或消毒等。

(二)哀伤辅导

在灾难发生时,可能会出现在灾难中失去亲人朋友的情况。哀伤是人们面对重大丧失时的心身反应,通常会经历从拒绝/否认、愤怒、妥协、沮丧到接受事实几个阶段。沃登(Worden, 1991)提出了哀伤辅导的阶段理论,将个体经历哀伤的过程分成了四个阶段。

一是接受丧失:可以让当事人在仪式中哀悼亲人,接受亲人离开的事实,增强现实感,不停留在否认的幻想中。

二是经历痛苦:帮助当事人去表达情感,给当事人时间去充分地哀伤。

三是重新适应:帮助当事人从丧失中看到新的可能性和生命的意义,去主动思考失去他,对自己意味着什么,目的是帮助当事人在失去逝者的情况下重新适应生活。

四是重建关系:在内心可以留有逝者的位置,在新生活中找到一个和逝者的永恒联结,以健康的方式,坦然将情感投注到一段新的关系中。

三、辅导建议

案例

　　小树,男,15岁,初三学生,因为疫情居家学习2个多月,妈妈打电话求助班主任,说孩子居家学习期间情绪波动很大,在家里动不动发脾气,这两天又会将自己一个人关在卧室里大哭,拒绝和家长沟通。初三上半学期,他还是很上进的,有自己的学习目标。居家上网课时,开始常常上课期间刷手机、看抖音等,父母让其订正作业,小树很不耐烦。现在妈妈在家监督他,对于他现在的状态既着急又担心。接到小树妈妈的求助,班主任从以下几个方面着手:

　　1. 引导孩子诉说,觉察自身情绪和心理状态

　　班主任和孩子进行了视频沟通,问他最近网课遇到了什么困难。他说刚开始不愿意和"别人"说话,经过询问得知他口中的"别人"指的就是父母。小树知道自己说话时语气不好,但又很难控制,现在发展到不愿和任何人沟通。爸妈进房间,他会要求他们出去,不想和他们说话。这两天开始有时会自言自语,睡不着但又哭不出来。近期还会出现心跳加快、喘气、胸口沉闷的现象,胃口也非常不好。班主任先是肯定小树对自己情绪的觉察,请他为自己的情绪状态打分(0—10分表示情绪不激烈到最激烈),小树表示平时3分时可能会把自己锁在房间里,父母来房间时可能达到8—9分。班主任询问他有没有尝试寻找方法来缓解情绪,小树说自己会慢慢调整,睡觉时听歌,或者是憋着。班主任表达了对小树的理解,现在因为疫情隔离在家,和父母的距离太近,的确容易和父母产生矛盾,建议小树当情绪波动较大时,可以找自己喜欢的方式合理宣泄,也可以通过放松训练缓解紧张情绪。

　　2. 讨论担忧的想法,树立积极的信念

　　在和班主任的沟通中,小树表示自己在居家生活学习时,经常发呆,时间

就这么过去了。有一天下午网课结束后，自己哭了，还颤抖，看不进书，脑袋一片空白，做什么事情都无法集中注意力。他在网上查阅过相关资料，希望能使用药物压制情绪波动，等中考结束后再进行正规治疗。班主任告知小树药物需要由医生进行诊断以后才能服用，并和小树一起列举了他所担忧和害怕发生的事，分析这些事情发生的概率，以及如果真的发生他能否做好最坏的打算。通过沟通，小树逐渐明白了自己的担忧有很大部分是过度的，对自己的学习也更有信心了。

3. 帮助家长看到孩子的需求，降低对孩子的过度期待

班主任致电小树妈妈，询问妈妈是否问过小树在学习上遇到什么困难，妈妈表示没问过，并急着向班主任诉苦说儿子会拿手机抄作业，线上考试时也会拿手机抄答案等等。妈妈说刚开始线上学习时小树只是不听，后来和父母有过很多次的争吵，母亲有时不理解也会说"滚出去"的气话，冲突激烈时，孩子有一次说出"我不活了，要跳下去"的话。由此大吵几次之后，亲子关系闹得很僵，到现在小树基本拒绝和父母沟通。

听完之后，班主任向妈妈解释，有时父母对孩子有很多要求，孩子觉得达不到父母的要求就会选择直接放弃。父母对小树的否定、不信任大大多于肯定，双方在沟通时常常带有情绪，这样很容易产生更多的指责，指责会让孩子也带有情绪，然后对抗父母。沟通之后，小树妈妈逐渐意识到自己对孩子的否定，并且也认识到自己的脾气没有控制好。班主任建议父母需要处理好自身情绪之后再来理性地谈论孩子遇到的问题。

4. 营造和谐家庭氛围，协商在线学习策略

过了几天，班主任得知小树家的家庭氛围和亲子关系都有所缓和，决定开展一次线上家访，帮助家长和孩子就居家学习时合理使用电子设备和按时完成作业作出协商。孩子承认自控能力较差，希望家长能协助监督管理，周一至周五使用电脑上课，充分利用课间、中午完成作业，周六、周日可以用手机进行休闲娱乐，承诺努力学习、及时巩固，争取成绩上有提高。

　　从这个案例中可以看出：1. 疫情之下初三考生的焦虑叠加。疫情引发的焦虑、初三中考压力、青春期的情绪波动以及居家隔离期与父母的冲突等多重因素叠加，使得初三考生在疫情这一特殊时期会感到异常焦虑，而父母的焦虑可能比孩子更强烈，无形中也会将焦虑传给孩子。班主任应及时引导孩子说出自己的压力和担心，鼓励其树立信心，积极暗示自己能行。2. 指导家长消化自身情绪。在此次家庭教育指导中，班主任倾听母亲的苦恼，帮助其处理焦虑的情绪，让其看到孩子不是只有缺点，也有优点。同时，班主任建议母亲避免反复刷手机关注疫情或者考试信息，停止催促孩子做作业，在消化自己的情绪后，建立良好的家庭沟通氛围，然后再一起目标一致，解决孩子的问题，帮助孩子更好地投入到学习中去。3. 帮助学生提升行动力。初三学生正处于青春期，普遍有自己的想法，不愿意听从家长的安排。班主任可以作为家长和孩子沟通的桥梁，帮助孩子在学业上树立合理的目标和复习计划，也可以和科任老师进行沟通，调整作业量，将学科目标分解成易达成的小目标，使学生能独立完成作业，从而有信心面对中考。

　　总之，面对突如其来的疫情，班主任可以在以下几个方面帮助学生进行心理调节。

（一）情绪调节

　　1. 帮助学生自我觉察，学会自我调适。班主任可以告知学生在重大疫情发生时出现一系列身心反应是正常的，学生可以有意识地觉察自己的身心状态，尝试呼吸或想象放松训练，缓解紧张情绪，减轻躯体症状。

　　2. 鼓励学生多沟通，强化支持系统。长时间的居家隔离生活，使亲子相处时间增加，但也使得彼此间容易产生冲突。班主任可以鼓励亲子多沟通，共商约定解决问题的方法。同时班主任也可以组织班级活动，增进同伴交流，使学生获得人际支持。

（二）认知策略

　　1. 简化疫情信息，充实现实生活。疫情来临时，我们总是忍不住打开手机，从而接收到各种真假难辨的信息。班主任应该告知学生从官方媒体和机构获取权威及科学的信息,不过分放大负面信息,也不要把过多时间放在关注疫情上,而是充实自己的现实生活,做一些提升自身素养且有益的活动,如阅读、运动等。

2. 避免消极想法,建立正向思维。班主任帮助学生识别过度担忧的想法和不合理的思想,可以让学生尝试以下步骤:第一步,问自己的想法"是否实际存在""发生的概率大不大";第二步,问自己的想法是"可以解决的"还是"不可解决的",多关注可以解决的问题;第三步,如果问题很可能发生,寻找应对方式。事情有两面性,除了不利的一面,还可以引导学生想想事情对我们的积极作用是什么。以合理的方式看待事情,以广阔的视角拓宽思维,为自己的身心赋能。

(三)行动策略

1. 帮助学生恢复原有的生活作息。制定学习生活计划,保持合理的作息节奏,做到张弛有度。重点培养专注力,做到不受干扰,静下心来做事。

2. 当情况严重时,建议班主任及时转介。班主任应注意,如果学生在情绪、睡眠、躯体症状等方面长时间不能很好地缓解,甚至严重到影响他们的日常学习和生活时,要及时建议家长带孩子到心理咨询机构或医院接受专业帮助。

第九章

团体辅导

第一节 心理主题班会

一、简要概述

心理主题班会是根据学生身心发展特点,围绕学生关注的一个热点问题形成专题,在班主任的组织和指导下,运用心理学理论和技术开展的班级团队活动。

与主题班会相比,心理主题班会有所不同:主题班会较多关注"德育"主题,关注学生行动的"对"与"错"、"应该"与"不应该";心理主题班会则更关注"心理"主题,它以班集体中学生所碰到的心理问题为主,具有针对性与时效性,更贴近学生的内心感受。虽然有些主题既是"德育"的,也是"心理"的,但侧重点有所区别。

与心理辅导课相比,虽然两者皆是运用心理学理论和技术开展的班级团队活动,但心理辅导课着眼于每个学生健全人格的培养与潜能开发,是以儿童青少年心理发展阶段的特点为依据,为他们终身发展奠定内在基础的发展性辅导课程,更具有系统性与完整性;而心理主题班会聚焦的仅是班集体发展中学生所遇到的"问题",班主任通过在班会课上倾听学生心声,为学生排解暂时的心理困惑。

二、理论视角

培养学生优秀品德的重要前提是塑造学生健全的人格,培养学生积极的心理品质。教育部出台的《中小学心理健康教育指导纲要》提出"中小学心理健康教育应该立足于提高中小学生心理素质,促进其身心健康和谐发展,进一步加强和改进中小学德育工作,全面推进素质教育"。教育部《中小学德育工作指南》将心理健康教育与理想信念教育、社会主义核心价值观教育、中华优秀传统文化教育、生态文明教育列入五大德育内容。学校心理主题班会将"心育"与"德育"有机融合,尊重学生的身心发展规律和个性发展特点,顺应人的健康发展,是全面推进素质教育的必然要求。

大卫·库伯(David Kolb)提出了"体验式学习"的理论。所谓体验式学习,是指学生的学习不是内容的获得与传递,而是通过经验的转换从而创造知识的过程。有学者认为,"体验式学习有以下四个特质:①学习者对于正在发生的学习及过程是察觉的;②学习者投入省思的体验中,并且连结当下的学习到过去、现在和未来;③那些体验和内容是独具个人意义的,对当事人而言,学到了什么和如何学到的,对个人而言有特别的重要性;④过程牵涉到完整的自己——自己的身体、想法、感觉和行动,不是只关于心智,换句话说,学习者是整个人全然投入的"①。这些原则意味着体验式学习关乎个人的体验,不只是他们的参与。在课堂里,学生们会被要求思考及运用自己的体验,以此作为自我了解的基础。不同于传统教学的模式,体验式学习要求更主动地探索和体验。在教师的引导之下,学生们为自己的学习负责任,而这些恰恰是心理主题班会最为重视也最为需要的特质。

团体动力学是德国心理学家勒温把其早期研究个体行为的心理动力场或生活空间学说应用于研究社会问题的结果。勒温指出,团体不是各个互不相干的个体的集合,而是有着联系的个体间的一组关系。一般说来,引起社会团体变化而改变其个体要比直接改变个体容易得多。这就是整体比部分重要得多的场论的基本思想。勒温认为,个体的行为受他从属的社会团体的影响和制约,个体所属的团体决定了个体的行为和心理趋向。他还认为团体决定比单独做出的决定对团体中的个人有更持久的影响。勒温的团体动力学说在团体氛围的营设、团体内成员间的关系、团体的领导方式等方面对心理主题班会有极大的指导意义。

---

① 范维胜.人的发展:美国基础教育的核心立意[J].新课程研究(上旬刊),2014(8).

三、辅导建议

案例

"李老师，李老师，不好了，小林又在发疯了，他刚才莫名其妙地把小路的书包从二楼扔出了窗外，小路气得咬牙切齿，同学们劝不住，要打起来了……"才下课，伶牙俐齿的班委就来报告班中动态，一听到要打架，我的心不由一咯噔，直奔教室冲去。唉，自从班中转来这个插班生小林，开学才一个月，就冒出了各种前所未见的问题。

小林是六升七时转来我班的，暑假家访时得知，小林患有阿斯伯格症，阿斯伯格症是自闭症的一种，患者往往读不懂别人的情绪，在社会交往方面存在着一定的障碍。在班中，同学们都觉得小林自私、以自我为中心，而小林也常常是离群、孤立的，他常以一些异常或奇怪的举动去接触同学，所以开学一个月以来，"小林不服从换座位""小林撕了某某的回家作业试卷""小林不愿传作业""小林无缘无故打人""小林把讲台踢坏了"，一直到今天引发的打架事件，似乎同学们对小林的包容与忍耐到了极限。

作为班主任，我虽在班会课上多次倡导过让班级同学对新同学小林多些包容与帮助，但一味要求同学们包容与谦让是否真的能帮助特殊的小林融入这个集体？另外，手心手背都是肉，对其他同学而言，他们也需要一个公平的教育环境，毕竟才七年级，无原则的谦让是否已超出这个年纪的胜任力？在请教学校心理老师，并与小林妈妈充分沟通、征得她支持后，我开了一节心理主题班会课，试图通过这节心理主题班会课，安抚最近一系列"小林事件"引发的班级不良情绪；另一方面，我也想让同学们有机会走近小林，理解小林这种"星星的孩子"的特殊与困难，一起帮助小林更好地融入我们这个班集体。

这节课是以游戏的方式开场的。游戏分两部分，先是请同学们分小组戴上眼罩轮流体验"盲人贴鼻"游戏；之后就游戏过程中的"盲人"体验展开全班分享,分享聚焦于三个问题:(1)戴上眼罩是种怎样的感受?(2)在"贴"的过程中你感到困难吗,是怎样的困难?(3)旁观别人"贴"与你自己"贴"时,你的心态和想法有何变化?

游戏时整个教室炸开了锅,班中充溢着此起彼伏的笑声。在分享环节,同学们畅谈了自己戴上眼罩后的感受:(1)戴上眼罩,如同掉落在了黑暗中,有刹那的不知所措、慌乱和害怕;(2)当摸索着往黑板走时,觉得身体很僵硬、步子很碎、很小心翼翼,总害怕自己会撞上桌子或者人,好不容易摸到了黑板,可鼻子往哪块贴呢?又茫然了,听到小组成员在下面提醒自己,可小伙伴的指令不统一、各种各样,不知道该听谁的好;(3)同学们哄堂大笑时,怀疑自己贴错了,那时候显得很无助;(4)看到自己小组落后了,很着急,就想着自己快些再快些,完全顾不上小伙伴们的提醒了,哪想到欲速则不达,就这样贴到其他小组的地盘上去了;(5)看到前面同学把鼻子贴歪时,在下面笑得很起劲,觉得自己肯定能贴得比他们好,轮到自己时,没想到贴得更歪……

不需要作为班主任的我再去多强调什么,同学们汇集的感受都已在表达他们体验到了身为"盲人"的不易,而让同学们体会"当一个人失去某项身体的正常功能时所承受的心理压力与现实困难",正是我设计此游戏的意图,也是为同学们理解与接纳小林做情感的铺垫。

心理主题班会课的第二环节是:吐槽大会,最近有点烦。

身为班主任,我率先暴露了自己最近的烦恼与小林同学相关,自然过渡到了班级对"小林事件"的"吐槽"。"每次老师按小组下发试卷时,他只管拿了自己的做,从来不传给我们,每次课堂练习,我们组拿到试卷都要比其他小组慢,有时候课堂测验时间紧,都要把我给急死了";"虽然我是班干部,要以身作则,但我不想坐在他后面了,下课时我的座位、桌子移动过了,只给我留下了一点点空隙,人都挤不进去,根本没办法坐,小林的座椅空间很大,我让他把座位移一移,可他蛮不讲理,硬是不肯挪动,都影响了上英语课";"上一次李老师你表扬过小路后,小林一下课就跑去小路那踢一脚,好多同学都看到了,那一脚就是故意踢的,还有一次小林把小路的数学试卷扔在了地上,还踩了几脚"……一个个起立的身影表达着自己与小林相处时所遭受的困扰、委屈，甚至还有几分是对我这个班主任"纵容"小林的不解和不满。

顺着全班的这股"愤懑"情绪，我出示了小林妈妈录制的一段视频，这也是此节心理主题班会课的重点与高潮部分："星星"在我身边，该如何与"星星"恰当相处？

视频中，小林妈妈对阿斯伯格症做了全面的介绍，当小林妈妈说到身患阿斯伯格症的小林具有如下的困难：他经常渴望甚至是尽力想与其他人建立联系，却缺乏社交技能，难以做到这一点；他读不懂别人的情绪，在情感交流过程中往往表现出不恰当的反应和不正确的解释、反应迟钝，理解拘泥甚至漠视；他喜欢说长段的话，没有内在逻辑；他喜欢做重复、刻板的事情，他行动笨拙……全班一片寂静，原来小林在班中的种种举动都不是故意使坏，他是身不由己、事出有因。

就视频最后小林妈妈分享的她与小林互动的小方法，我抛出了本节课最关键的问题：在这个集体中，我们该如何与小林这样来自"星星"的同学相处？经全班热烈讨论后，同学们在"尊重差异""理解与包容""支持与帮助""适当保护自己"等方面达成了共识，大家都愿意接纳小林、帮助小林，一起拥抱来自"星星"的那个他。

在一段舒缓的钢琴曲声中，全体同学签下了此次班会课关于"小林事件"讨论的保密协定，我深深地鞠了一躬，替缺席的小林表达了对全体同学深深的谢意，亦表达了作为一个班主任，为能拥有这样一班学生而感到骄傲和自豪。在自发的掌声中，此次心理主题班会课结束。

一节成功的心理主题班会课往往会涉及以下三个方面：

1. 心理主题班会课要有解决问题的意识。心理主题班会课的选题是基于班集体生活中所遇到的共性问题，是从学生问题出发的，选题应紧密联系学生的生活实际，切实帮助学生解决与应对成长中所遇到的困难与挑战。此案例中的主题选择是基于班中有这样一位"来自星星"的特殊孩子，他不通情理，与多位同学发生矛盾冲突，导致班集体中蔓延着一股"愤懑"情绪。这股"愤懑"情绪如果不及时加以宣泄与引导,一方面冲突事件可能会加剧升级,另一方面,长此以往,肯定不利于班集体的温馨氛围建设。作为班主任,开设这节主题班会课就是与学生一起面对问题、解决问题,通过此节心理主题班会课,用理解去化解班中"愤懑"情绪,用包容去接纳班中的特殊个体,用掌握一些特殊交往技巧去消融人际冲突,最终消除问题,达成良好的班级氛围创设、促进班级长足发展的目的。

2. 心理主题班会课要有活动意识。心理主题班会课是运用心理学理论和技术开展的班级团队活动课,它需要以活动作为载体。一般在心理主题班会课上的活动设计有:做游戏、看视频、角色扮演、故事讨论等等。活动设计的原则首先是以引发学生某方面的心理体验为目标,而不是为了活动而活动;其次活动设计要动静结合,重点突出,一般只需要一个核心活动,避免活动过多导致蜻蜓点水似的体验。本节课中,教师创设了一个"盲人"的情境,让学生通过亲身参与实践来获得体验,在体验的基础上再组织学生进行交流分享,学生的真情实感就流露出来了,为后面理解与接纳"星星的孩子"做了很好的情感铺垫,达成了游戏设计的活动目标。

3. 心理主题班会课要有辅导意识。一般的主题班会课,它是在班主任的指导下,运用班集体的力量,组织班级学生围绕某个主题进行教育活动的一种形式。心理主题班会课要遵循学生的心理发展规律,在课程中还会运用心理团体治疗、个体咨询的一些方法,班主任需侧重的是对学生的辅导。此案例中,班主任运用了倾听、共情等心理学元素,吸引学生主动投入"吐槽"环节畅所欲言。面对同学们的各种"吐槽",班主任更注重的是学生的感受而非认知,也不直接评判学生对与错,只是将问题抛给学生,使学生在团体的助力下重新审视问题、审视自己;班主任引导学生反思自己的经验,鼓励学生互相交流,分享自己的观察和体验,由"你应该这样做"变为"我要这样做",产生发自内心的意愿与动机,促使学生主动地接受,最终获得成长与改变。

第二节 心理拓展活动

一、简要概述

心理拓展活动指的是根据学生的心理发展需求或班级建设的需要,以班级为单位,在班主任的组织下,以户外活动的形式,通过创设一定的情境,让学生亲身体验,并感悟活动中所蕴含的道理与理念,培养学生心理素质、激发其潜能、完善其人格,提升团队凝聚力。心理拓展活动是一种"先行后知"的体验式学习。[①]

心理拓展活动与心理主题班会有所不同。首先,二者的性质不同,前者是一种活动形式,后者是一种课程。其次,心理主题班会活动形式更多样,可以是案例分析、故事欣赏、情景表演、心理游戏等,而心理拓展活动形式较为单一,以心理游戏为主。再次,心理主题班会可涉及的主题范围更广,包括认识自我、学会交往、时间管理、学习方法、情绪调节等与学生成长息息相关的话题,而由于活动形式和活动场所的限制,心理拓展活动可涉及的主题范围相对较小,通常以沟通协作、挑战自我、提升自信、磨炼意志、提升团队凝聚力为主。最后,心理主题班会虽也注重学生的体验感悟,但心理拓展活动通过创设情境,每一位学生都能亲身参与,体验性更强。此外,心理拓展活动可独立开展,也可作为心理主题班会的延伸开展。比如在心理主题班会上,学生通过活动认识到与同学交往时要注意的问题,在此基础上可开展关于沟通的心理拓展活动,让学生在较为真实的情境中练习(如穿越火线)、反思、调整,从而帮助学生真正理解、掌握人际交往的技巧。

班主任组织的心理拓展活动与心理教师组织的拓展活动也有所不同。参与对象上,前者是班级内的所有学生,是异质群体,后者是有需要、有兴趣的,符合活动要求的均可参加,没有班级的限制,可以是同质群体,也可以是异质群体。在活动主题及内容

---

① 王倩.心理拓展训练理论初步研究[D].无锡:江南大学,2012.

的设计上,前者更注重与学生的班级生活紧密联系,比如适应新班级,学会沟通与合作,提升问题解决能力、班级凝聚力等。

二、理论视角

心理拓展活动也称心理拓展训练或拓展训练。拓展训练起源于二战时期的英国,创始人是哈恩博士。最初的拓展训练是培养海员,随后训练对象扩展到管理人员、学生等群体。20 世纪 90 年代,拓展训练以学校体育为依托开始进入国内学校,受到了学校师生的广泛喜爱。随后经过不断的发展与进步,渐渐演变成了学校心理健康教育的途径之一——心理拓展训练。

学生发展核心素养要求学生要学会健康生活,实践创新。心理拓展训练让学生在情境中解决问题,锻炼能力,磨炼意志,提升素养,完善人格,是学校实施素质教育、培养学生核心素养的重要手段。

1. 心理拓展训练的基本思想

心理拓展训练是以班级为单位的体验式学习,其中蕴含了实用主义、团体动力、社会学习等相关的理论思想。

(1)先行后知,从做中学。美国教育家杜威提出"教育即生活",强调教育要在实际生活中进行,从做中学。通过创设真实情境,让学生在真实的情境中,增长经验,促进成长。杜威反对脱离实际的,以教材为中心的传统教育。心理拓展训练受"做中学"思想的启发,摆脱了学科教材的限制,依据学生的成长需求,创新教育资源,创设情境,让学生在完成挑战任务的过程中体验与感悟,经验与成长。

(2)以人为镜,观察学习。班杜拉的社会学习理论提出个体可以通过观察他人的行为及行为的后果获得间接经验,进行学习。在以小组或团队为单位的活动中,学生自然能观察到其他人的一言一行。无论是他人成功的经历,还是失败的尝试,对个体而言都是宝贵的经验,可以帮助个体调整、矫正自己的认知与行为,促进学习的发生。

(3)应对挑战,提高效能。拓展训练以游戏的形式把个体带入到问题情境中,个人和团队需要克服困难,取得成功。在游戏设置上会尽可能地创设一种有一定挑战又有成功可能性的情境,从而让学生有高峰体验,提高效能,增强信心。自我效能是个体对自己是否具备顺利完成某项任务的能力的预期,是个体采取行动的内驱力之一。如果个体认为自己根本没有能力完成任务,那么在任务面前个体会倾向于选择逃避或放弃。拓展训练的过程不仅能帮助学生提升能力,而且成功经验也有助于强化自我效能,促使学生在生活中更愿意去尝试、去实践,而不是只将所学停留在知识层面。

(4)团队协作,获得支持。德国心理学家勒温的团体动力学理论指出人的行为是环境与人相互作用的结果。在团体内,每个成员都处于团体的心理场中。任一成员的变化都会引起其他成员的变化,同样团体的变化也会引起成员的变化。在团队完成拓展训练的过程中,团队成员相互协助,齐心协力,形成了一个安全、开放、温暖、接纳、有力量的场,这有助于学生释放情感与压力,从中获得情感支持与帮助。

(5)感悟反思,联系实际。人本主义心理学家罗杰斯非常注重"真实情境"下的体验式学习,他认为这是一种有深度的、高效率的、不易遗忘的学习。体验式学习最重要的就是反思。只有通过反思内省,个体才能将活动与生活联结起来,将活动中收获的碎片化的知识加以整理整合,并迁移运用到现实生活中去,从而获得新的生活知识与技能。

2. 心理拓展训练的模式

关于心理拓展训练的模式各学者尚未达成一致意见。陶宇平认为"拓展训练的流程可分为:前期分析、课程内容安排、场景布置、挑战体验、分享回顾、引导总结、提升心智、改变行为"[①]。王治国等认为"拓展训练的流程分为:活动、体验、感受发表、分析、理论整合、指导活动、启发工作生活"[②]。

从以上学者的观点来看,虽未达成一致,但他们都认为心理拓展训练基本包括前期准备工作、活动体验、感悟分享、整合应用等环节。除此之外,在学校开展心理拓展训练也要注重活动前的"破冰"。"破冰"可以减轻学生的陌生感,调动学生的情绪,营造团体训练氛围,为后续的训练活动做铺垫和准备。[③] 班主任在实践过程中可参照如下程序:前期准备—破冰—活动体验—感悟分享—整合应用。

---

① 陶宇平. 学校拓展训练[M].北京:人民体育出版社,2008:20—21.
② 王治国,李晓婵. 不同的学生群体参加拓展训练的现状调查[J].佳木斯教育学院学报,2010(2):30—31.
③ 贾书文. 学校心理拓展训练教学模式初步研究[D].无锡:江南大学,2009.

三、辅导建议

案例

　　班级建设的一个重要方面就是要营造积极向上、自信阳光的班级氛围。学生不仅学习态度端正，而且积极参加校内外各项活动，敢于展示自己、挑战自我。作为六年级的班主任，我发现学校组织开展的各项科技节活动，学生参与的积极性不高，少有人主动报名。在学习上也有部分同学主动性不够，遇到难题容易放弃，很少主动询问老师。在与学生谈话聊天时，我了解到学生积极性不高的原因主要在于：觉得自己并不擅长，不会；担心自己学不会，完成不了，不敢尝试；害怕自己落选，拿不到奖项；遇到困难不会主动求助等。学生的效能感较低，逃避挑战，自信心有待提高。我在了解该情况后设计了"直面挑战，我能行"的心理拓展训练活动。具体活动方案如下。

　　活动目的：1.培养学生不怕困难，敢于尝试，敢于挑战的意识。2.引导学生感受来自集体的支持，体验个人与集体的力量，学会求助与合作。

　　活动准备：A4 纸若干张、音乐《相信自己》、移动音箱一台。

　　活动地点：操场或室外宽敞的平地。

　　活动人数：30 人。

　　活动时间：40 分钟左右。

　　活动过程：

　　1. 破冰——动起来

　　规则：所有成员站成一列，前后间隔一臂距离，再首尾相连围成圆形。在音乐声中，跟着老师的指令跑动起来。比如老师喊"快"，学生就要快跑，相反则要慢跑。类似的指令还有踢腿跑、扭腰走、蛙跳、弯腰扭屁股、捏鼻青蛙叫等。老师要不断地变换指令。

2. 初级挑战——巧解千千结

(1) 规则：所有学生随机分成两组，站成一个向心圈。手拉手，记住自己左、右手拉的人。当音乐声响起时，大家松开手，随意走动，音乐一停，脚步随即停止。拉起原来左右两边与自己手拉手的人，再次拉住他们的手，形成一个错综复杂的"手链"，离得近的可以先拉起来，离得远的最后适当走近一点再拉起手。一起想方设法把"手链"解开。先预估自己能否解开"手链"，估计需要多长时间。强调过程中不可以松手，但可以钻、绕、跨。

(2) 思考与分享：看到这么复杂的"手链"，你的第一反应是什么？你有什么想法和感觉？这个任务最困难的地方在哪里？你和你的团队是如何克服困难，解决问题的？在完成任务的过程中，你做得比较好，或者比较有优势的地方是什么？在解"手链"的整个过程中，你的心态和想法有何变化？如果再来一次，你还会做怎样的尝试？组内每位成员分享交流自己的感受想法，并选派一名代表做集体交流。

3. 终级挑战——再解千千结

(1) 规则：两组合并为一组，游戏规则不变，解开更大更复杂的"手链"。

(2) 思考与分享：在终极挑战中，你的心态、想法和表现有何改变？复杂的"手链"就像是我们生活学习中的难题、挑战，你觉得通过这个游戏获得的体验可以怎样更好地帮助你面对未知的或复杂的难题？（联系生活）

4. 小结

当走入困境、遇到困难、面对挑战时，我们要敢于尝试、不轻言放弃、看见优势、学会团结。

在本案例中，班级学生安静内向的不少，他们遵守规则，较保守被动，欠缺一些勇气，不敢尝试，在学习上喜欢"单打独斗"，不会寻求帮助。班级里也有部分活泼好动的学生，他们的存在往往能调动起班级氛围，但在参与活动方面，对自己的信心不够。破冰环节看似是简单的跑圈运动，其实笔者也有特别的考量，可谓步步为营，层层铺垫。

先从简单又日常的跑步开始,所有学生愿意参与,身体也能动起来。不停地变速跑,不仅增加了活动的趣味性,而且也让团体氛围活跃起来。"捏鼻青蛙叫""扭腰走"也将愉快轻松的氛围推向高潮。

另外,考虑到心理拓展训练可作为心理主题班会的延伸,针对上述案例的情况,也可先开展不畏困难,勇于挑战的主题班会,通过案例或观看视频等方式一起分析讨论为何"他们"会无所畏惧,"他们"取得成功的原因。先帮助学生从认知上知道困难在所难免,畏惧困难只会原地踏步,积聚力量想方设法克服困难才能获得真正的成长,然后再通过心理拓展训练的亲身实践强化认知,深化体验,促进行动与改变。

当学生表现出畏难、消极被动时,我们可以通过教育劝说的方式告诉学生要不怕困难,敢于尝试,或者用爱迪生的事迹激励、鼓励学生。这种方式可以帮助学生从认知上获得敢于尝试、不怕失败的想法、信念。积极的情绪体验,较高的自我效能更有利于学生从认知到行为的转变,这是团体拓展活动的一大优势。

心理拓展训练主要以游戏的方式进行,学生害怕失败的压力感较低,更愿意去尝试,而且团队中其他成员面对挑战的态度也影响着个人的态度。通过情境式、体验式的学习,学生亲身经历了挑战成功,真实的经历会让学生的情感体验更丰富、更深刻、也更有信心。为了真正发挥心理拓展训练的功能,达到心理辅导的目的,在开展的过程中要注意以下几点:

(1)主题选择依据学情。心理拓展训练主题内容的选择要依据学生的实际学情,充分了解学生所处的身心发展阶段,了解学生现实中的困难、困惑和心理需求,以此为依据,选择能够让普遍学生受益的主题进行设计并开展活动。依据学情的心理拓展训练不仅有趣,而且更能促进学生思考、反思,更有意义,能真正帮助学生解决困难,促进学生的发展与成长。

(2)活动项目难易适中。关于心理拓展训练的游戏项目种类繁多,在设计活动方案时不仅要考虑项目贴合主题,而且要考虑参与对象、人群的现实经验和实际水平,在学生的最近发展区内设置项目难度,或者由易到难,层层递进地开展活动,确保学生依据自身经验,通过努力能获得成功的高峰体验,从而提高自我效能感,提升自信。活动项目的难易程度可通过增加或减少某项限制,或替换某个活动材料等来实现。在进行活动准备、设计活动方案时最好考虑难、易、中三个层次的方案,以便根据活动的开展情况做必要的、及时的调整。当所有成员轻轻松松就能完成项目时,要及时升级难度,反之则要降低难度。比如上述案例的"再解千千结"游戏,人数多,难度大,若学生相对位置变动得特别大,难度将进一步升级。此时,可通过修改游戏规则(比如"允许松手一次"等)以降低难度。

(3)积极体验充分分享。在心理拓展游戏中,体验是前提,反思、分享是核心。在开展心理拓展游戏时容易陷入一种"为游戏而游戏"的误区,游戏只是开展心理拓展训练的一种手段,并非最终目的。①　心理拓展训练的最终目的是在体验中感悟、思考、反思,并将收获迁移到生活中,解决生活中的问题,或者促进生活中认知和行为的改变。因此不能为活动而活动,为练习而练习,在开心热闹之后要让学生静下心来整理刚才看到的、听到的、想到的、感受到的及其与生活中事件的联结。

(4)准备充分保障安全。无论开展何种活动,安全是第一位的!心理拓展的安全问题可能表现在两个方面。一是场地大,学生自由松散。心理拓展训练活动在户外开展,场地宽阔,活动范围大,学生又充满朝气活力,安全问题让人担忧。因此在进行活动准备时,要尽可能地细化活动规则,明确对学生的各项要求,而且在开展活动前要事先与学生声明安全问题,做好约定。如果分组,也可让组长协助管理,提醒学生。良好的纪律,有效的管理可保障学生的安全。二是活动项目充满挑战。一般心理拓展训练的活动项目会有一定的难度,对身体强度也有一定的要求。因此在开展活动时,要考虑学生的身体状况,难易、强度要适中。或者周全考虑可能存在的安全隐患,事先做好保护措施,或做好提醒工作。比如在上述案例"巧解千千结"中,要提醒学生在解"手链"的过程中不能生拉硬拽,动作要轻柔,注意安全。又比如开展"不倒翁"拓展训练项目时,涉及前面的学生向后倒,后面的两位学生要接住的情况。在开始活动前就要向学生严肃说明不得开玩笑,要认真专注,确保同学、队友的安全。与此同时,当同学向后倒时,作为老师也要站在后面,以确保万无一失。

---

① 张付山,陈燕.班级体验式心理拓展活动100例[M].济南:山东文艺出版社,2014:4.

第三节　心理专题教育

一、简要概述

心理专题教育指的是由班主任老师不定期地向学生开展的心理健康教育讲座，通过讲授与心理有关的学科知识、常识或技巧，以丰富学生的心理健康知识，帮助学生学习心理调适技巧，促进自我认识、自我调节，改善能力，培养乐观积极心态，增强适应力，完善人格。由于在现实的教育教学中，班主任的精力以及可利用的开展专题教育的时间有限，因此本节所谈的专题教育偏向微型的专题教育讲座，以 20 分钟左右为宜，班主任可以利用晨读或午间开展。

心理专题教育讲座内容的选择既可以是针对班级学生出现的典型问题的干预、指导，也可以是心理健康常识与调适技巧的普及与宣传，提前做好预防。总体来看，班主任心理专题教育讲座的目标仍以发展性、预防性辅导为主。班主任开展的心理专题教育讲座与心理老师开展的心理健康专题讲座相比，从内容上和形式上都更具及时性、针对性，班主任可以根据班级学生的普遍需求与学习风格确定主题，设计方案与内容，如果整个年级的班级都存在普遍的共性问题，班主任也可结合年级学生的情况开展讲座。

心理专题教育讲座与心理主题班会、心理拓展活动也有所不同。心理专题教育讲座以传授知识技巧为主，学科性、理论性较强，有助于学生系统化地高效地学习、掌握相关知识，在此过程中学生的参与感相对较弱，更多的是接受式学习。而心理主题班会和心理拓展活动以学生体验和感悟为主，趣味性更强，学生的参与感较强，而且在参与、互动的过程中能积极地建构对相关主题、知识的理解。

二、理论视角

《中小学心理健康教育指导纲要（2012 年修订）》中指出：学校应将心理健康教育

始终贯穿于教育教学全过程,要将心理健康教育与班主任工作、班团队活动等有机结合,充分利用网络等现代信息技术手段,多种途径开展心理健康教育,注重心理健康专题教育,可以是心理健康活动课、团体辅导、专题讲座等。

班主任日常与学生接触最多,也最熟悉学生。班主任了解学生的心理需求,能及时捕捉到学生中普遍存在的困惑与问题,以及学生间的个别差异。随着经济与信息技术的发展,社会转型,学生学习的方式更多元,视野更宽阔,面临的挑战也越来越大,不少学生会出现诸多的不适应,如学习压力大、考试焦虑、人际关系紧张、抑郁、攻击他人等。[①] 这对班主任管理、建设班级提出了巨大的挑战。若班主任能适时地根据掌握的第一手资料选取共性需求或问题,开展心理健康专题讲座,不仅可有效地帮助学生认识自我、学会自助,而且对于改善师生关系,融洽班级氛围,强化班级管理,提高学习动机等都有积极的意义。

班主任开展心理专题教育讲座有一定的优势。其一,精准把握学生现状与需求。班主任的讲座具有明确的指向性,与学生的生活、学习息息相关,能切实给予学生具体的帮助与指导。其二,讲座内容随机取材。班主任在日常处理班级事务和学生接触中积累了很多案例和教育经验。讲座中适当穿插典型案例,可调动学生的兴趣,引起共鸣。这样的讲座内容更贴近学生。其三,保障讲座效果的延伸。在讲座结束后,可通过与学生交谈以及日常对学生观察,了解学生的掌握情况,及时发现学生在实际操作中遇到的困难,并一起商讨原因和应对技巧,保障讲座的实效性。

传统心理讲座的形式是一人讲众人听,学生的积极性、主动性不够高。林丹华(2007)关于北京市小学心理健康教育状况的调查结果显示,64.1%的学生喜欢讲授和活动相结合的心理讲座形式,只有31.5%和4.4%的学生喜欢单纯以活动为主和单纯以讲授为主的讲座形式。[②] 也即学生最喜欢的讲座形式是讲授和活动相结合,其次是活动为主,最不喜欢的是单纯的讲授,学生认为单纯的知识输入很枯燥。因此在开展心理专题教育讲座时,虽然要以班主任讲授为主,但要避免完全学科化和理论化,讲座内容不仅要有意义,也要有趣,可适当穿插短小的活动。

---

① 沈之菲. 心理辅导式班主任的探索与实践[J]. 中小学心理健康教育. 2011,(9):18—20.
② 林丹华,申继亮. 挑战与希望并存:北京市小学心理健康教育状况调查[J]. 2007,16(3):21—37.

讲座的一般结构包括导入、理论分析与学习、问答互动三个部分。

导入的方法很多，可以是游戏、唱跳热身、案例思考、影像故事观看、调查结果呈现等。导入的主要目的是激发学生参与活动的积极性，调动学生的兴趣，为后续学习做好心理准备。导入后最好设置一个难易适中的问题请学生个别分享观点。比如呈现学生考试结束后的自我反思，请学生对比不同的反思，谈谈自己的看法，说说哪一种反思更能帮助我们改善方法，提高学习投入。讲座过程中的问题设置十分重要，它要能促进学生对主题内容的思考，增强学生的参与感和代入感，而且若能让学生在讲座中产生认知冲突，更有利于学生建构正确的知识，提升认识水平。

理论分析与学习指的是与主题相关的理论知识。如果主题是关于考试后的心理调适，这部分可以涉及韦纳的归因理论、德韦克的能力观等。理论分析部分应尽可能使用通俗的语言，可穿插心理实验、视频、故事或体验性的活动，形式多样，在增强趣味性的同时帮助学生理解。这部分教师要结合案例，或者学生日常的行为进行分析讲解，帮助学生将理论与实际经验联结起来，促进学生的理解与掌握。

问答互动部分可以是学生提问，班主任答疑，也可以是教师提问，学生讨论、思考、练习。最终目的是巩固学习效果，促进迁移、延伸。

班主任在实操过程中也可根据个人教学风格、主题、学生的特点以及时间做相应的调整，灵活设计。

三、辅导建议

案例

新学期开学已经两三周了，科任老师纷纷表示最怕"黑色星期一"。明明周末有两天的时间，特意布置了简单且量少的作业，但周一交过来的作业还是让人头疼。有的偷工减料，有的字迹龙飞凤舞，有的错误连连，有的干脆抛到九霄云外。在和学生以及家长沟通之后，老师们发现学生到了周末容易过于懈怠,想着周末要好好放松,看电视、小说,玩手机、电脑,出去玩乐,要做想做的事情很多,有的为了赶时间作业草草了事,有的会拖到周日晚上才开始写作业,无奈时间紧,作业的质量无法保证。

讲座主题:做时间的主人

参与对象:七年级学生

讲座目的:(1)树立时间管理意识;(2)学习时间管理方法。

讲座内容:

1. 导入——撕纸游戏

活动准备:在开始游戏之前,发给每位同学一张纸条,纸条上画有分成24等分的格子。每一格代表2小时,每半格代表1小时,24格代表2天。

游戏规则:根据老师的指令,请回想上周末你用于某项活动的时间为多长,并将其一一撕下来。比如周末2天加起来睡觉的时间是20小时,那么你就需要撕下10格来代表周末睡觉时间。周末可能涉及的活动种类有:睡觉、吃饭、玩电子产品、体育活动、聊天交流、看小说、在路上、学习等。

思考:自己周末的时间都去哪儿了,仔细比较一下自己各部分活动所占用的时间,用时最长的3项活动是什么?周末2天时间有被充分利用吗?我们是真的来不及写周末作业吗?

一个周末有48小时,一般来说花费在睡觉上的时间有16个小时,花费在吃饭上的时间有3小时,这些时间基本上是必须的,无法改变的,但还有大部分时间(29小时)是可以自己管理的。如何管理这些时间是需要我们好好学习的。

2. 时间管理的方法

(1)观看时间管理视频——杯子实验

视频中,教授准备了一个玻璃瓶、若干高尔夫球、石子、沙子、啤酒。依次把这些物品放进玻璃瓶中,你会发现玻璃瓶可以容纳的东西比想象的多很多。但如果把顺序反过来,可能就装不了多少了。玻璃瓶就象征着我们的人生,高尔夫球代表着那些重要的、和我们的目标一致的事情。石子代表相对重要的事情,沙子代表琐碎的事务。我们要掌握好事情的先后顺序,先把主要精力放在重要的人、事、物上。

(2)时间管理四象限法则

其实上面的实验告诉了我们时间管理的一个重要法则——时间管理四象限法则。该法则是由美国管理学家史蒂芬·科维提出的。我们可以把事情依重要性和紧迫程度两个维度进行划分,基本上可以分为四个"象限"。第一象限为重要且紧急,第二象限为重要但不紧急,第三象限为既不重要也不紧急,第四象限为紧急但不重要。具体见下图。

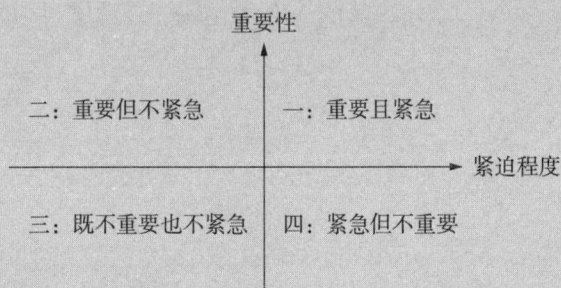

```
                    重要性
                      ↑
                      |
  二:重要但不紧急     |   一:重要且紧急
                      |
  ────────────────────┼────────────────────→ 紧迫程度
                      |
  三:既不重要也不紧急 |   四:紧急但不重要
                      |
```

● 时间管理的原则

马上做:第一象限重要且紧急的事情,指的是"我"必须要做,且不能耽误的事情,我们要马上做,比如做作业、上课,如果你总是有紧急又重要的事情要做,说明你在时间管理上存在问题,要设法减少它,以减轻压力,避免焦虑。

计划做:第二象限重要但不紧急的事情,指的是"我"必须要做,但有充足时间的事情。比如考级、备考,此时我们日常要做好计划,按部就班地,每天做一点点,避免拖延,累积为重要且紧急的事,从而增加第一象限的工作量,让自己忙得不可开交、焦头烂额。

授权做:第四象限紧急但不重要的事情,指的是无关紧要,但不能耽误的事情,此时我们可以拒绝、授权或寻求他人的帮助。

减少做:第三象限的既不重要也不紧急的事情,指的是无关紧要,打发时间,可做可不做的事情,我们要尽量少做或适度做。

● 时间管理的具体步骤

到了周末,我们学生可能会有很多事情要做、想做。此时不妨参考时间管理四象限法则,列一个事件清单,并依照事情的重要、紧急程度进行分类。具体操作步骤如下:

(1) 罗列事件清单并标上 A、B、C、D……

例如:A 和好友聊天;B 看部电影;C 写周末作业;D 练钢琴;E 和同学打篮球;F 周末补课班;G 玩手机。

(2) 画四象限坐标图。

(3) 依据事情的轻重缓急,将事情对应的编号写在对应的象限中。比如"C 写周末作业"为重要且紧急的事情,可将 C 写在第一象限。依此,F 可能要写在第一象限;A、D 可能要写在第二象限;B、E、G 可能要写在第四象限。

(4) 依据时间管理的原则,将四个象限的事情进行排序 1、2、3……

(5) 预估每项事情所需的时间,制作周末事项安排表,×××时间段做×××事情,如下表:

序号	时间段	事项	备注
1	8:00—9:00	语文作业	
2	9:20—10:00	数学作业	

(6) 每完成一项事情,在备注一栏做标记,比如打"√"、画笑脸或用笔划去等。

3. 小结

(1) 小结

人有两大财富——时间和才华。才华越来越多,但是时间越来越少,我们的一生可以说是用时间来换取才华。如果时间一天天过去了，而我们的才华没有增加，那就是虚度了时光。时间对每个人都很公平，学会管理时间，做时间的主人。

（2）答疑与互动（机动，视时间而定）

（3）作业

每人制作一份周末事项安排表。

上述案例中，班主任对于出现的"黑色星期一"的现象，对其成因进行了充分的了解、分析后，确定了讲座的主题"做时间的主人"。

在设计和开展讲座时，该班主任并未直接讲授时间管理的理论和方法，而是通过一个简短的"撕纸"游戏，带领学生意识到自己在时间管理中存在的问题，引发学生的关注与思考，激发学生学习的动机。

在介绍时间管理理论和方法时，有视频实验、理论讲授、举例示范，形式多样，易于理解，实操性较强。讲座的最后还布置了作业，一方面通过作业可以了解学生的掌握情况，另一方面帮助学生及时消化，督促学生即学即用，在实践应用中逐渐掌握时间管理的方法，提升自身的时间管理能力。

为了能够真正帮助到学生，后续或许还可以组织学生开展"时间管理达人"争章活动，每周对坚持制作周末事项安排表并按照其执行的同学奖励"时间小主人"贴纸，累计4张贴纸可获得本月"时间管理达人"章。通过争章活动，帮助学生养成时间管理的好习惯。

班主任在开展讲座时要注意以下问题：

一是加强专业化学习。班主任要学习相关的心理专业知识，提高自己的理论素养。学习经典的发展心理学理论如弗洛伊德、埃里克森的心理发展阶段理论，皮亚杰的认知、道德发展理论，科尔伯格的道德发展阶段理论等。学习与主题相关的理论知识，比如记忆的规律、耶克斯-多德森定律、韦纳归因理论、加德纳的多元智力理论、情绪ABC理论、放松训练方法等。在加强理论学习的同时还要培养心理学思维，日常多加运用理论，从"生物—社会—心理"多维度思考、分析学生的行为表现及成因。

二是了解学生真需求。一般而言,班主任开设心理讲座的主题会涉及学习动机、考试心理、学习方法、情绪调节、时间管理、亲子沟通、青春期教育、积极心态、闲暇生活等方面。讲座开设的前提可能是学生已经有需求或已经普遍出现某方面的问题,或者是根据最近发展区理论,根据心理发展阶段的特点,提前满足即将面临的问题和即将拥有的需求。那如何才能准确把握学生的真实需求呢? 作为班主任要做一个有心人,日常多观察,课间多与学生聊天、谈心,了解班级动向以及学生的普遍困惑与需求,多与家长沟通,全面了解学生。此外还可以通过问卷小调查了解学生的观点、想法和需求。如果要开展关于青春期的专题讲座,可以提前设计几个问题作为调查题目,了解学生对于青春期知识掌握的程度、途径,对异性相处的态度以及困惑,渴望通过什么形式获得哪些帮助等。在一番调查、了解的基础上,有所侧重地设计讲座内容和形式。

三是通俗形象易理解。讲座以传授知识与技巧为主,会涉及一些理论和成因分析,相比较心理主题班会而言较为晦涩、枯燥。因此在设计讲座时可结合主题,选取能帮助学生理解的短视频、心理小游戏、贴合实际的案例等,这不仅可以调动学生的兴趣,提高学生的参与感,而且有助于促进学生对于知识的理解与内化。此外,在讲座前要进行充分的备课,避免内容过于高深,尽量用简单的话阐释晦涩难懂的知识、道理。

四是换位思考引共鸣。班主任的人生阅历、认知发展、个人能力往往高于学生。有时在成人看来简单的事,在学生看来可能难如登天,此时如果想当然地把自己能做到的事直接强加给学生,要求学生照做,就会很难走近学生,讲座的效果也将大打折扣。在设计讲座内容时,要尝试换位思考,把自己假想为学生,根据自己对学生的了解,想象"学生的我"对于这件事会有怎样的看法,对于这样的设计会有怎样的感受,对于这样的表达能不能理解,会不会排斥,能不能做到。换位思考后设计的讲座内容和形式可能更受学生喜欢,更能与学生共频,引起共鸣。比如在上述案例中,通过换位思考考虑到初中生的大脑前额叶发育尚未成熟,自我管理能力有限,在讲座中可适当共情,多加鼓励学生,同时发动同伴竞争、互助,利用行为强化技术,帮助学生逐步掌握时间管理的方法,养成良好的习惯。

五是后续追踪助成长。讲座结束后可通过布置作业、任务或与学生交流了解讲座的效果和学生的掌握情况,也可重点关注在分享、互动环节表现出困惑或遇到问题的学生,必要时可在结束后进行个别化的针对性辅导,向学生提供具体的支持与帮助。

第四节　集体心理活动

一、简要概述

在班级工作中,班主任会遇到学生心理和行为上的共性问题,或者是在一个事件中涉及多个学生。对这些学生进行辅导,单纯的说教可能不能达到好的效果,反而会引起学生的反感。在班级里进行集体的、有趣的心理辅导活动效率更高、省时省力,还能激发学生的积极性,个人也容易被团体氛围感染,获得多样的体验。

在学校中,通常由学校心理辅导老师在心理课、拓展课、社团课中开展团体辅导活动。班主任在班级中组织开展集体心理活动与心理辅导老师的区别是:1. 对象不同,班主任辅导的对象是班级中的一部分或者所有学生。心理老师上团体辅导课的对象是学校里招募的学生,可以是同班的,也可以是不同班级的,一般是同质群体或者是对某个话题感兴趣的学生。2. 目标不同,班主任组织开展集体心理活动是为了解决自己班级中发生的学生心理问题,而团体辅导是在团体情境中进行的一种心理辅导形式,通过团体内人际交互作用,促使个体在交往中通过观察、学习、体验、认识自我、探讨自我、接纳自我,调整改善与他人的关系,学习新的态度与行为方式,以发展良好的适应的助人过程。3. 参与人数不同,心理辅导老师开展的团体辅导人数一般在 20 人以内,而班级集体心理活动,可以是全班同学参与,也可以是班级里一部分同学参与。4. 开展时间上的不同,团体辅导通常限定一系列的固定的时间,而集体心理活动在时间上就比较灵活,可以在晨会、午会、班会课上用一段时间进行,也可以是一节主题班会课中的某一个环节。

和心理辅导老师相比,班主任可能在专业心理学理论知识和技术方面不具优势,但是班主任与本班学生接触比较多,更加了解本班学生和班级的情况。和班主任开展的其他工作相比,开展集体心理活动则需要班主任经过特定的学习和培训,掌握一定的心理辅导的理论和技术。和班级其他活动相比,集体心理活动主要围绕班级学生的心理健康来进行。

二、理论视角

教育部《中小学班主任工作规定》提出班主任的职责和任务有"采取多种方式与学生沟通,有针对性地进行思想道德教育促进学生德智体美全面发展;组织、指导开展班会、团队会(日)、文体娱乐、社会实践、春(秋)游等形式多样的班级活动,主动调动学生的积极性和主动性,并做好安全防护工作"。规定中的"采取多种方式与学生沟通,组织指导开展形式多样的班级活动"可以包含班级中的集体心理活动。通过集体心理活动可以有效地调动学生的积极性和主动性。

集体心理活动理论,与团体心理辅导理论有一致之处。作为一种班级教育活动,集体主义教育理论也是很重要的工作依据。以苏联的克鲁普斯卡娅、马卡连柯、苏霍姆林斯基为代表的集体主义教育理论提出者认为"教育工作的主要方式是集体"[①]。集体主义教育理论认为能够通过教育整个集体来教育个人。

集体心理辅导活动的技术有:

1. 活动准备的技术。准备活动方案,包括活动时间、目的、教具、过程等。方案准备好后教师要熟悉方案内容和整个流程。

2. 带领活动的技术。这包括建立安全的班级氛围,引导学生在活动中积极参与、真诚表达、保守秘密。通过使用心理活动的技术,帮助学生澄清他要表达的内容。根据活动现场情况,灵活把握活动进程,不刻板依照原定设计行事,在活动中确保学生的人身安全。

3. 提问的技术。心理活动和游戏、艺术、劳技、体育运动等活动的区别在于活动中必须要有老师的提问,学生的思考和讨论。提问需要注意的是多使用开放式的问句,如:你有哪些看法? 你的感觉如何? 少使用封闭式的问句,如:你觉得这样做对不对? 提问的技术有:

(1) 具体化的提问方法。明确何时、何地、何人、何事、何因、何果、何种感受,让发

---

① ［苏］马卡连柯. 马卡连柯教育文集(下卷)[M]吴式颖等编. 北京:人民教育出版社 1985:18.

言者具体地说明和表达自己的观点。

（2）特里·伯顿（Terry Borton）三阶段提问模式：发生了什么？所以怎么样？现在又怎么样？首先，"发生了什么？"着重于事实的发现。在刚刚的活动中你的情绪有什么变化？在刚才的讨论中，你观察到了什么？你现在的感受是什么？然后，"所以怎么样？"着重于联系经验与生活。通过活动学会了什么？活动给我们什么启示？生活中有类似的情况你怎么做的？最后，"现在又怎么样？"着重于引导接下来的行动。今天的活动对你未来学习生活的帮助有哪些？你打算怎样做？通过今天的活动，发现了自己的一些不足，你打算如何改进？

（3）提雅吉（Thiagi）六阶段发问模式：感觉如何？发生了什么？学到些什么？与其他经验有何联系？如果……可以怎样？下一步将会怎样？六阶段发问法，比三阶段提问模式要细致，发问先从感受开始，再探索引发感受的事件，接着总结学习所得，与类似的经验联结，再用假设性的提问得到更多的扩充，引导应用到接下来的生活中。

（4）积极取向提问法。积极取向的提问法，提倡发掘正面经验，从成功的已经达到的或者拥有的优势出发，肯定被提问者的能力。首先是优点提问：从正面、优点、强项开始，肯定学生的表现，再进行问题的讨论，将不足化为改善的目标与行动。比如在这些方面表现很好，但是还存在一些不足，希望……。其次是例外提问：从一些负面的问题事件中寻找例外的情况，例如：表现好的那次是怎样的？通过例外事件的讨论，发掘肯定对方。最后是量化提问：将问题量化，例如：当1是最差，10是最好时，你给自己评几分？根据对方的自我评分来反馈。

三、辅导建议

案例

陶老师是六年级的班主任，她最近发现一到下课时间，同学们就纷纷来办公室里找她告状：小赵没经过小钱的同意就拿了小钱的笔。小钱撞到了小孙，没道歉就跑了。小李脾气不好，仗着自己是班干部，动不动就在班级里大声嚷嚷教训同学。小周本来和小吴是好朋友,后来发现小吴课间时经常跟前桌的小郑聊天,就生气了不理睬小吴了。小王看到几个同学聚在一起说话,当她走近时,又不说了,她觉得这几个同学肯定是在说她的坏话。

陶老师觉得除了一对一谈话处理问题外,同伴关系问题是班级里的共性问题,需要在班级里进行集体教育。她想要同学们了解班级中同学之间的冲突是客观存在的,不能百分之百地消除,对于一些不是很严重的、个人利益只受到轻微损害的矛盾冲突,不要斤斤计较,她希望学生体验宽容给自己带来的心情上的平静,以及对自己身心健康的积极意义。

全班42人,陶老师准备了21根30厘米长的细绳。在午会课上,同学们前后左右自由组合,两人一组。一位同学先给绳子打5个结,根据老师的示范,必须是结实而不能太紧的结,再开始计时,组内的另一个同学快速解开这5个结,先完成的同学站起来。时间限定2分钟,2分钟后,不管完成与否都结束活动。

接下来,陶老师带领大家进行讨论和分享。她首先表扬了站起来的同学在规定的时间内顺利地完成了任务。

随后,陶老师问:那么没解开结的同学,有什么想法?没解开结是哪些原因导致的?

有的同学说,是因为自己解结的速度慢,有的同学说是对方打结打得太紧。

陶老师继续询问负责打结的同学们:你的组员,有的顺利完成,有的没有在规定的时间内完成解结的任务,你的感受是怎样的?

有的同学说,我的组员顺利完成,我真高兴。有的同学答道,他在解结的时候我一直在为他加油,还一起想了办法,所以我们顺利完成了。有的同学说,我的组员解不开,我心里很着急,想着,这是我打的结,早知道要给他解,我就打松一点啦!而同组的组员此时也连忙说,没关系的!虽然没有完成,但也很开心啊!下次轮到我打结,你来解。

慢慢地,班级里大家自发开始讨论起来,陶老师看到后没有立即制止,而是在教室里兜了起来,几分钟后,她才说:"最近很多同学下课时会到办公室里来告状,在这些事情里有很多是同学相处时不可避免的摩擦,也有一些我们只是受到了很轻微的损害。通过刚才的活动,同学们下次如果再遇到类似的事情,自己可以怎样处理?"

教室里顿时安静下来。小赵说:"当时小钱不在位置上,我就拿起他的笔来玩了,等到小钱回来了也没想起来跟他说。下次还是要先跟小钱说一下再玩,顺便再赞美一下这个笔。"

小李说:"我觉得自己的脾气容易暴躁,老师教了我调整脾气的方法,你们看我的表现吧,不过很多时候我是在帮老师管理班级,也有功劳的。"大家听了小李的话都笑了起来!

陶老师也觉得,在班级中进行集体心理活动,学生参与的积极性强,在活动中有体验,再坦诚地讨论分享各自的体验,同学之间能够相互帮助,相互理解。

班主任组织开展的集体心理活动首先要以学生的成长需求为出发点,建议以自我探索、学习心理、人际交往、青春期教育等方面的内容为主题。杨敏毅、周嘉、张静著的《中学班级心理辅导活动 60 例》中设计了涵盖认识自我、融入班级、学会合作、发挥潜能 4 个主题共 60 个心理活动。袁章奎主编的《中学班级心理团体活动 142》中分享了热身破冰、小组形成、团队建设、环境适应、认识自我、助人自助、人际交往、树立自信、学法探索、生命意识、创新素养、情绪管理、青春探索、生涯规划等 14 个主题共 142 个心理活动。

其次,集体心理辅导活动的流程主要有:(1)根据班级学生成长中出现的一些问题,或者是班主任老师要培养和发展的某项心理品质来确定主题;(2)根据班级中学生的心理特征和班级整体情况确定辅导活动的目标;(3)设计辅导活动的过程,熟悉辅导活动的过程,准备活动的教具;(4)开展辅导活动,对班级心理活动进行评估。通过对课堂的观察,教师可在活动后和班级同学进行口头交流和询问,或者设计一系列问题进行问卷调查,对班级心理活动进行评估。

再次，班主任组织开展集体心理活动需要班主任学习发展性心理辅导的相关理论、团体辅导的理论与技术等。考虑到室内活动受人数和环境的限制，比较适合的活动有：音像类、语言类、表演类、案例类、绘本故事类、认知活动类和不太需要大幅度运动的体验活动类。由于整班活动人数较多，在开展活动的时候建议分小组进行，做到全员参与，同时注意活动后的提问讨论和分享。

总之，活动是一个载体和工具，最重要的是通过活动创设情境，引导学生把自己的感受和体验进行讨论和分享。帮助学生认识到班级中的其他人，也和我有同样的体验，并由此获得归属感；有的有不同的观点，并从中获得多样化的资源。

第五节　班级网络社区心理

一、简要概述

微信是近年来新兴的即时通信工具。以微信群为代表的网络社区拓宽了家班合作的渠道，省时省力，信息传播便捷。尤其是 2020 年上半年，由于新型冠状病毒的肆虐，学生从在校学习转为居家在线学习后，网络社区的功能就更加体现出来。

班主任在网络社区心理疏导方面要发挥应有的作用，其具体体现是运用以班级微信群为代表的网络社区，发展和维护和谐的家班关系，最终促进学生的心理健康。以微信群为代表的网络社区在家班沟通方面功能强大。班级微信群的成员包括班主任老师、语数英等主要学科任课老师和学生家长。

班主任老师在班级微信群通常会发布学校通知，在"学校通知"中，有一类是宣传告示类的，家长阅读即可，还有一类需要家长和学生根据通知完成学校任务，并给予上交和反馈。微信群还常用以分享学生在班级中的情况、班集体建设和管理的理念等。此外，微信群也是班主任老师和家长沟通交流的场所，便于老师了解家长对于孩子在学校教育方面的想法，以及孩子在家的生活和学习情况，同时便于老师进行家庭教育指导，帮助家长掌握先进的教育理念和教育方法。其中，家庭教育指导功能分为显性的和隐性的,显性的指的是班主任老师直接在群里分享教育理念和方法、案例,隐性的是班级群中的各项活动都具有家庭教育指导的功能。

苏霍姆林斯基在《给教师的建议》中提到,"最完备的教育是学校与家庭的结合"。班主任是微信群的创建者、管理者、引导者,因此班主任应该担起管理的责任,规范自己言行,根据群的规章制度处理群内事务,尊重群里的其他老师和广大家长,引领微信群的成员参与各项互动,合理有序发言,营造和谐的家班合作的氛围,促进学生健康成长。

二、理论视角

微信群提供的多人聊天交流服务,其优点是即时通信,方便快捷。班级微信群是一种班级和家庭之间的信息传播媒介。传播指的是借助媒介进行的信息交流活动,是实现信息互换和共享的过程。老师通过微信群可以发布和分享各种信息,家长通过手机就可以了解孩子和班级的情况,这种有效便捷的沟通可以使老师和家长彼此了解,相互支持,互立威信,促进家班合作。

《教育部关于加强家庭教育工作的指导意见》中明确指出要加快形成家庭教育社会支持网络。随着时代的发展,网络社区平台作为新型的家校沟通平台,互动性强,传播方式多元,运用灵活方便,能够提高管理效率,降低管理成本,提升家班合作水平,受到人们的喜爱。

网络心理辅导是指以互联网为媒介的心理辅导。网络心理辅导是心理辅导的一种发展和创新。网络心理辅导的优势在于:有些话题和想法面对面时不知道怎样启齿,但辅导对象在网络上能够更加容易地表达出来;辅导对象通过网络可以获得大量的信息,也可以找到一些与自己有同样困惑的人进行互助;辅导的双方能够灵活机动地选择时间和空间;辅导双方的沟通方式更加便捷,如利用问卷星、投票、群发、通知等形式进行及时的互动。网络心理辅导的限制是缺乏表情、动作、语气等信息的互动沟通,信息的真实性,网络的安全性,辅导关系的稳定性等方面存在问题。

三、辅导建议

案例

　　张老师在六年级刚接班的时候就建立了班级的微信群,平时用来发布各种通知,公布学生作业和学习情况。一段时间过去了,他发现班级群里静悄悄的,基本上是他和其他两位主课老师发布的信息。他觉得这样浪费了班级群这个平台,而且老师们和家长的关系很生疏,张老师就想了一个办法,积极发布议题,引发集体讨论,引导家长自由发言。张老师把他在班级教育教学工作中的一些心得体会发到群里,真诚、无偏见地和家长讨论孩子的学习情况,在讨论中带领和引导家长。张老师有一次在讨论时写道:"老师们愿意帮助孩子了解学习的盲区,有哪道题不会,记录下来,自己翻书或者拍照找老师询问,不会做问老师,老师看到了肯定很高兴的,一遍不会讲两遍,最怕的是自作聪明或是懒惰到底,既骗老师也耽误自己。""有的孩子不敢问老师,怕老师觉得他没学好,会批评他,或者是觉得自己没学好,怕丢脸。还有一种想法是不愿意给别人添麻烦,家长们可以把我这些话给孩子看,老师们欢迎孩子主动来问问题。""学校本来就是国家提供的公共资源,可以把老师看作是取之不尽、用之不竭的可再生资源,大家要充分利用这一资源。"渐渐地,班级微信群开始热闹起来,这样的互动几乎每天都会进行,家班关系非常融洽。家长们越来越信任老师,愿意按照老师的建议,在家督促孩子学习,配合老师的教学工作。

　　以往张老师还会把孩子在校练习的情况拍照片发到群里,很多时候都是静悄悄的没反应,给人的错觉是家长不关心孩子的学习成绩。后来张老师改变了策略,他把学生在班级里的情况单独私信发给了每一个家长。家长们收到了信息后,纷纷主动跟老师沟通孩子的情况,讨论制定接下来的学习目标计划和策略。原来不是家长不关心学习,而是在班级群中,一些敏感的话题涉及学生的隐私,加上学生之间差异很大,家长就不知道怎样表达自己的想法。

张老师在班级微信群跟家长沟通的时候经常"主动出击",赢得了家长的信任,很多家长愿意与他沟通。在微信群互动中,张老师有问必答,很好地维系了良好的家班关系。在发布成绩的时候,张老师给每个家长单独发成绩信息更是尊重孩子,尊重家长。在班级微信群中群体性的问题公开讨论,需要保密的单独联系,使得班级的微信群取得了长久的良好的发展。不过,张老师的做法也有一些需要改进的地方,需要跟家长、学生一起制定微信群的公约,细化微信群的运行和管理规则。比如时间太晚了,老师们可能就不会回复家长信息;有紧急的情况,可以打电话给老师;等等。

从实践中来看,班级微信群能够整合资源,促进家校沟通,让老师了解孩子在家的学习、生活状态,让家长了解孩子在校学习的情况,分享教育理念。但班级微信群也存在一定的问题,主要有:(1)家长诉求过多。比如某班班主任老师在群里发了孩子们进行班级活动的照片,有家长很快单独发信息给老师,认为照片里没有自己的孩子,希望老师重拍照片;有的家长不论大小事情,总在深夜联系老师,影响老师正常作息。(2)家长刷屏。有的家长喜欢对老师在群里发出的所有信息都一一回复,说一些客套话,引得其他人争相效仿,生怕没回复老师会有意见,觉得家长不关心孩子,不尊重老师。这样一来,有些重要信息就被淹没了,群里的成员被不断涌现的消息打扰。(3)家长之间争吵。某天在某班级微信群里,一位女生家长@另一位男生家长,提到男生在学校里把脏的湿纸巾放到自己孩子的杯子里。过了一会儿,男生家长回复称的确是自己家孩子放的,但是在放之前,女生先抢了男生的纸巾去擦自己的桌子,擦完了还扔在男生桌子上。女生家长看到后,连忙说要先去弄清楚事情再沟通。群里的其他家长和老师则当了一回"吃瓜群众",看了一场热闹。其实,这样的事情在微信群讨论,既不尊重孩子的隐私,还可能会对两个孩子成长不利,而私下沟通或者先跟老师单独沟通是更加合适的处理方式。(4)老师管理不当。有一天已经放学了,李老师的班级群里一位家长说:

"已经在学校外面等了半个多小时,孩子还没有出来,到底怎么回事,不是说疫情期间准时放学的么? 孩子无故滞留在学校,到底发生什么事情了?"李老师看见后赶紧去了解情况:原来班里另一位陈老师白天在群里群发了一个消息,说图片中未打钩的同学今天放学都要留下来,而这位家长没有把图片打开看,所以就不知道孩子要被陈老师留下来,因此他遵循疫情期间的放学制度,在学校门外等待。而陈老师看到家长群里的消息后,又在群里说:"我现在把你家孩子放出来了,你自己事先没看到我发的图,以后你家孩子学习任务没完成,我也不留了。"这样一来,其他旁观的家长开始谴责这位家长,说老师辛辛苦苦牺牲自己的下班时间辅导孩子,你还责怪老师,素质太低了! 家长之间的矛盾,以及老师和这位家长的矛盾,愈演愈烈,微信群陷入了混乱的局面,李老师试图去平息大家的争端,似乎效果不大。(5)老师滥用权力。每次练习考试后,某班班主任吴老师都会把班级学生的成绩情况发到微信群,一般会写出表现好的几个学生的学号,以及排在班级后面的几个学生的学号。虽然没有写出名字,但是,群里孩子都是以"xx号张三"这样的格式统一修改群名片的,所以一目了然。老师这样做,成绩在后面的孩子的家长觉得被"示众"很难为情,反复多次,也失去了督促孩子学习的动力。一贯表现比较好的学生的家长在喜悦的同时也会有压力,就怕孩子哪次没考好,大家都会知道。

产生这些问题的原因可能有:(1)老师和家长的角色不同,立场不同,难免有分歧,甚至有人会觉得老师和家长之间的地位是不平等的。家长担心说错话得罪老师,老师会觉得家长在挑刺故意找茬。(2)微信群是一个网络平台,老师和家长都可以随时发言、随意发言,信息发布自由,而过度自由必将陷入混乱的状态。(3)班主任管理意识欠缺,管理制度缺失。班级微信群是班主任建立起来的,如果没有在群里制定管理制度,没能及时发现群内不良现象,把握互动的方向,也会给微信群带来乱象。

解决这些问题的辅导策略有:

1. 班主任老师作为微信群的建立者、管理者,需要负起引领的责任,处理群内事务,维护群内家班合作的氛围。老师发布信息要做到公正严谨,与家长在群内沟通语气要温和亲切,符合教师的身份和职业道德。

2. 班主任可以引导家长明确自己是学生在校学习工作的协助者,要信任老师,支持和配合老师的工作,不越位插手老师在校的教育事务,按照老师的要求回复信息。有事询问尽量私信联系老师,沟通孩子之间在班级中的情况时尽量先联系老师,而不是在群中直接喊话。

3. 班级微信群作为一个具有通知和交流功能的群,应该是一个有教育意义的群。它需要在班主任老师的带领下,紧紧围绕学生的教育和健康成长这个主题,由老师和家长共同商讨制定班级微信群的规则,如群内发言必须遵守国家法律法规。对老师而言,发布信息需要表述清晰,公正严谨。要在群内起引领作用,发起话题,维护讨论方向,与家长积极对话,交谈温和亲切。在讨论中指导家长进行家庭教育,配合学校教育各项工作,不可以在群内当众批评学生的违规违纪行为。上传学生在校学习生活的照片不得只上传个别同学的照片。言行符合教师的职业道德。对家长而言,入群填写真实信息,如1号张三爸爸。遇到自己孩子的困惑和问题尽量与老师私聊。遇到自己孩子和班级其他同学产生纠纷的问题请先和老师沟通,让老师调查后再讨论沟通。不发布与孩子教育无关的信息。老师发布通知后,如无注明"收到须回复"则不必回复等。

第十章

家班合作

　　家班合作是指班主任和家长共同承担学生成长的责任,运用多种形式开展班级和家庭的沟通与联结,创设良好的育人氛围,让孩子在家庭和班级的共同支持下健康发展。本章主要从家班沟通、居家指导和家庭心理辅导三个方面讨论家班合作的内容。家班沟通重在通过协调学生、家长和老师三方,帮助学生解决学习和成长上的困惑及问题;居家指导重在班主任对家长的教育思想和方法给予必要指导,使家庭和学校的教育形成合力;家庭心理辅导重在改善家庭成员之间的关系与互动,使家庭达到一种健康的动态平衡,从而解决学生个体问题。

第一节　家班沟通

一、简要概述

　　家班沟通是指班主任通过不同形式展开和学生及其家长的积极对话和信息互通,三方协调目标一致形成合力,帮助学生解决学习和成长上的困惑及问题,促进学生健康成长和全面发展。

　　不同于学科教师和家长沟通时关注学生的学科思维发展和学业水平进展,也不同于心理老师积极倾听并帮助家庭了解成员互动模式和关系,班主任在和家庭进行沟通时更侧重于帮助家庭了解孩子各方面的发展情况以及成长中遇到的障碍,指导家长形成正确的家庭教育理念和方法,老师和家长互相理解和配合,达成教育的一致性。

　　家长和班主任虽然都能意识到家班沟通的重要性,但是家班沟通往往会遇到以下困难和障碍:第一,有些家长由于自身不愿麻烦老师或忙于工作等原因,通常不主动和老师联系,对孩子在校情况缺乏了解;第二,由于现代社会价值观多元化,家长对于孩子的教育理念与学校教育理念产生分歧,双方缺乏信任和教育共识;第三,由于家长自身文化水平局限和教养方式不当等原因,在家无法有效管教孩子,总是希望将孩子全权交给班主任教育和管理,由此造成老师和家长沟通后形成不了家班教育合力;第四,班主任和家长的沟通内容侧重于孩子的学业成长,而较少从孩子的人格成长和全面发展(健康成长)等角度进行沟通。

二、理论视角

从沟通的种类来看,沟通分为言语沟通和非言语沟通。言语沟通是指我们在对话中用言语信息沟通,它包括口头沟通和书面沟通。非言语沟通是指我们对话时的神态、表情、动作等传递给对方的信息。"有效的人际沟通是言语沟通和非言语沟通的完美结合体,用一个公式表示为:交际双方的相互理解＝语调(占 38％)＋表情(占 55％)＋语言(占 7％)。"[①]沟通时要少说多听,学习有效积极的倾听技能,比如和说话者目光自然接触,身体微微前倾,展现赞许性的点头,避免分心的举动或手势,专心倾听说话者。当展开对话时,可以用开放式的提问向说话者了解你想知道的细节;关注对方的用词,特别是关键的用词可以适当复述,了解并核实说话者的真实意图。当想要向对方提出建议时,避免用否定语句,如"你不要这样做……""你这样想不对",可以用缓和的语气表达另一种可能,让他人更乐意去接受你的建议,如"是这样的! 我倒另有一种想法,但也许不对,我们可以讨论……"

著名家庭治疗心理学家萨提亚女士提出沟通包含自我、他人和情境三个要素。在沟通中,自我即信息提供者,"自我"融合了我们的价值观、信念、态度,当时的身心及内在状态,对自己的想法和评价,对说话对象的感受和意见,对环境的感受。这些因素都影响着沟通。"他人"是指互动中的其他单个(或多个)个体,在沟通中,他人也带入着他的自我元素,在影响着沟通。"情境"即互动时的背景,包括沟通的目的,沟通的氛围,沟通时的环境或社会背景。不同的情境,会对沟通产生不一样的效果。当沟通要

---

① 陈娉. 人际之间的言语与非言语沟通[J]. 商情,2014(12).

素被忽略时,呈现出四种不同的沟通模式,分别是"讨好型""指责型""超理智型"和"打岔型"。讨好型的人通常忽略了自我,而关注他人和情境。指责型的人通常只有自我和情境,而忽略了他人。超理智型只关注情境,而忽略了自我和他人。打岔型的人通常自我、他人、情境都不关注。

当个体能关注到自我、他人、情境三者之间的关系时,沟通被称为一致性沟通。有效沟通就是自我、他人和情境的统一,即在与人应对时,在乎自己,在乎情境,在乎他人,能够觉察并调节自己的情绪,能够感受他人的情绪,能够体会情境氛围,根据情境调整表现。一致性的姿态表现为内在和谐宁静、外表专注放松。

三、辅导建议

案例①

晚上11点半,班级的家校联系群里突然出现一条王同学家长的信息"都11点半了,我们家的作业还没完成",然后就是接连几条"怎么作业这么多""有没有哪位同学跟我们家王××一样这么晚还在做作业的?"……后来我又看到有几位家长也在群里回复,"我们家也正在做作业""我们家刚做完""我们家十点就做完了",等等。这么晚了,班级的家校群里信息还在一条条蹦出来。我认识到不能再让家长抱怨了,于是回复道:"各位家长,今天已经到晚上11点半了,作业没有完成的可以明天来校补一下,抓紧让孩子睡觉以免影响明天的上课,作业量是否太多我明天调查了解,家长们辛苦了,也早点休息。"在我发了这样一条信息后,群里恢复了平静。

作为班主任,我的工作策略是帮助学生寻找完成作业的时间。

1. 问卷调查掌握发言权

为了更精确地了解作业量的情况,我设计了一张表格,分别是各科作业

---

① 案例由上海市松江区九亭中学储成节撰写。

的项目和完成时间。第二天,我就将这张表格发给班级的所有学生,让他们填好昨天各科作业项目和完成的时间。收上来之后,我掌握了第一手资料。我将调查结果制成一张统计表发到家校 QQ 群,所有家长都能一目了然地看到孩子们完成作业的时间。同时带上我要说的一句话"各位家长,昨晚有个别家长抱怨回家的作业量太大,完成作业的时间长,今天我在班级进行了调查和沟通,上面是我调查的结果,可以看出,绝大多数同学完成作业的时间是在 2 个半小时,作为毕业班,这样的作业量是合适的、正常的。个别同学完成作业时间太长可能是自身的原因,也请家长督促孩子提高完成作业的效率"。在我发完这段话后,群里沸腾了,"初三这样的作业量一点不多""我家就是 2 个多小时做完的"。王同学的家长也说话了,"我们家做作业太慢了,今晚回去看着他,让他提高效率"。

2. 微型家长会揭开幕后的真相

在问卷调查中,我发现有 3 位同学填写完成各学科作业需要 4 小时以上,王同学就是其中一位,还有李同学和邹同学。家庭作业需要 4 小时完成,势必影响第二天的上课,别人 2 个多小时完成的作业,他们 4 个小时才能完成,他们完成作业的时间去哪里了呢?能够告诉我真相的就是他们家长,这就需要家长的配合。我约了王同学、李同学、邹同学 3 位同学的家长来学校召开了一个微型家长会。首先,王同学家长发言:"我们家王××从小就有拖拉的坏习惯,他放学回家一般都比别的同学晚,然后慢悠悠吃完晚饭,开始写作业时都快晚上八九点钟了,所以他每天完成作业都快十一二点了"。李同学的家长说道:"他回家写作业时都说需要手机才能完成,我们家长都以为他说的是真的,然后看到他一边写作业一边拿着手机,最后完成作业的时间也是很长。"邹同学是一位很认真的女生,我很想听听是什么原因让她作业做得很慢。"我家邹××数学一直很薄弱,她每天晚上完成数学作业需要 2 个小时及以上,尤其一些数学的难题,她一直趴在那里冥思苦想,最后也不一定能做出来,有时熬到晚上十一点才完成了数学作业,别的作业还没开始,等所有作业都完成已经很晚很晚了,我们家长看了也很着急。"邹同学的家长说道。

通过这个微型家长会,我基本了解到这三位同学作业做到很晚的一些原因,然后我又通过与其他个别家长和班级学生的交流了解到,以上三种作业做到很晚的原因在班级中很典型。我终于知道他们完成作业的时间去哪儿了。

3. 家班沟通,各个击破

定点完成家庭作业,击破作业拖拉型。像王同学这样作业拖拉的同学有五六人,我将这些同学的家长单独拉进一个QQ群。为了解决这些作业拖拉的习惯,我跟家长们"约法三章",每天晚上按时间节点将完成好的作业拍照片发给各个任课老师,时间节点是让他们晚八点拍语文完成的作业、九点拍数学完成的作业、十点半拍英语、理化完成的作业。第一天晚上,各个时间节点完成作业的照片如约而至,在群里我给他们每个人点了赞,并且感谢家长的配合。第二天我在班级中表扬了他们能及时完成家庭作业,其他同学都对他们投去了赞许的眼光,我接着说:"他们从今天开始要彻底改变自己作业拖拉的坏习惯,每天晚上都会及时完成作业。"我话一说完,班级里响起雷鸣般的掌声。我知道今天晚上不需要我们家长老师的督促,他们也一定会准时提交作业的。

管控手机,击破手机依赖型。像李同学这样边做作业边玩手机的学生也有一些,我立马召开这些学生家长的微型家长会。我跟这些家长提了两个要求:首先告诉家长现在九年级作业除了英语听力其他都不需要借助手机完成,让家长管控好孩子的手机。其次,希望家长每天晚上能够陪孩子完成家庭作业,在用手机完成英语听力时一定要家长监督完成,家长的陪伴才是最好的老师。家长在跟我交流沟通后才知道孩子的作业基本不需要借助手机来完成,他们需要手机完成作业是一个借口,其实边做作业边玩手机,甚至是在用手机抄答案。家长们在了解情况后都表示愿意配合做好管控。

分层作业,击破薄弱学科型。对于像邹同学这类有薄弱学科的学生,我首先与家长们沟通的是要帮助孩子树立战胜薄弱学科的信心,同时与薄弱学科的任课老师取得一致,采取分层作业的形式降低一定的难度或者减少作业量,同时制定切合实际的小目标,多表扬少批评以提高他们学习本学科的兴趣。其次与家长沟通交流在家指导孩子完成作业时应注意一些策略，如薄弱学科的作业可以放到最后完成。最后我将家长们和相应的任课老师拉进一个单独的 QQ 群，在群里共享一些本学科好的学习方法，同时一些不会做的难题可以实现群里在线辅导。

4. 群策合力，成效凸显

每天晚上，到了八九点钟，总会有各科完成好的作业图片发过来，这是那些做事拖拉的学生发过来的作业，他们已经习惯了每天准时定点完成作业。因为家长管理了他们的手机，作业过程中玩手机的同学没有手机可玩了，只能认真快速地去做他们的作业，作业的效率有了很大的提高。前段时间接到邹同学家长的电话，电话那头邹同学的爸爸显得很高兴："储老师，我跟你说，我家邹××最近完成数学作业比原来快多了，现在对数学不是很排斥了，好像还有点喜欢做数学题目了，现在完成各科作业的效率都提高了……"我知道最近的数学难题没有让她做，这让她感到数学已经不再是拦路虎，极大地提高了学习数学的积极性。他们的改变在整个班级是有目共睹的，在本月班级的"进步之星"评选中，他们都毫无疑问地当选了。

通过家班沟通和合作，我顺利帮助学生们找回了他们完成作业的时间。主要做法上首先是让他们树立了时间的观念，提高了管控时间的能力，知道在学习中如何实现高效；其次也让他们改变了坏的学习习惯，拖拉玩手机的毛病已经摒弃，好的习惯正在逐渐养成；最后是帮助他们树立了学习的信心，初三是义务教育最关键的一年，有很多同学由于对学习没有信心而自暴自弃，只有学习信心的树立才能让他们健康发展。

这件事能够顺利有效解决，我深深地感到家长配合、家班沟通的重要性。

1. 家班沟通必须有明确的目标。教育家苏霍姆林斯基说："没有家庭教育的学校教育和没有学校教育的家庭教育，都不可能完成培养人这样一个极其细微的任务。"可见，促进学生健康发展是家校共同的目标。案例中虽然表面上是家班一起寻找孩子完成家庭作业的时间，实际上是通过家班沟通合作改变孩子的坏习惯，提高他们管理时间的能力,帮助他们树立学习的信心,最终的目标还是家校沟通实现学生健康发展。

2. 家班沟通必须有灵活的形式。学生来自不同的家庭,每个家长对学校教育的配合程度存在差异,这要求我们在与不同类型的家长沟通时,采用灵活的沟通形式。一是运用现代信息技术手段,如 QQ 群、微信群、短信、电话等,运用声音、图片、视频等多种方式,让家长及时了解学生在校的表现。二是有针对性的家访,家访是家班沟通的一个重要平台,家访前要充分了解学生家长,谈话要有方向、有目的。三是利用家长会。根据不同的需要,家长会可以分为大型和微型两种,微型家长会是一种很有效的家班共育方式,对于像案例当中那样存在同一类型困扰的学生的家长就可以采用微型家长会的方式进行沟通交流。

3. 家班沟通必须有细致的环节。作为班主任和任课老师要充分认识家班沟通的重要意义,积极主动地和家长联系,解决学生成长过程中遇到的问题。如上述案例中学生完成作业拖拉的情况,首先通过调查确定情况再分析问题产生的原因,对不同的原因采取不同的方法,最后和家长群策合力解决问题。每一个环节都需要精心的准备和预设,只有这样我们的家班沟通才是有效的。

总之,沟通是班主任的基本能力,班主任在和家长沟通时,应该做到尊重家长、专心倾听、语气委婉、真诚交流。

1. 班主任应积极倾听家长烦恼、共情情绪、尊重想法,建立合作关系。家长比老师更了解孩子,我们要耐心倾听家长的苦恼,肯定他们想了很多的办法,穷尽自己的资源去解决孩子的困难。也就是说,首先要站在家长的角度,尊重他们的想法,理解他们的苦心,看见他们为了孩子的健康成长所做的努力。

2. 通过和学生本人及其家人的沟通,全面搜集学生信息,了解学生的个人情况和心理状态。了解个人情况可以从以下四个方面入手,第一是个性特点和兴趣特长,第二是个人成长史、家庭环境和亲子关系,第三是同学关系及其他人际关系,第四是学业发展情况等。心理状态可以包括老师在沟通过程中观察到的学生的情绪状态以及学生对事情的认知,积极的心理状态可能是勇于面对困难,乐于帮助别人或和他人分享,对未来充满希望,消极的心理状态可能是对自己和生活丧失信心,得过且过,甚至有抑郁、颓废等不良心态。班主任要对孩子的情况做到心中有数,这样下一步和家长沟通学生问题时才有话可说,沟通家庭教育内容时才有据可依。

3. 除了关注孩子自身的原因,班主任还要关注家庭是否还存在以下的问题:不良的亲子沟通模式、家长对孩子的不合理期待、不良的家庭成员关系对孩子的影响,家长自身的不良情绪传导给孩子等。通过家校间的平等交流,班主任应潜移默化地传播科学、先进的教育理念和思想,并能从促进孩子健康成长的角度,积极调动家长参与家庭教育的主观能动性,进而顺利地开展家班合作。

4. 沟通是为了更好的家班合作,班主任可以作为孩子和父母沟通的桥梁,帮助亲子、师生达成共同目标,商定共同协议。班主任帮助孩子认识到自己需要改进的问题,帮助家长调整自身教育方式,促成家长和孩子进行更好的沟通和协商,明确孩子在家需要做什么,家长需要做什么,达到什么样的目标,从而有效促进孩子的行为改变。

第二节　居家指导

一、简要概述

居家指导主要是指导孩子居家学习与生活,如写作业、手工制作等活动。有学者认为,"居家学习是指学生群体因特殊原因而暂时居家接受学校教育的一种形式,其根本目的是在确保师生生命安全的前提下促进学生的学业发展,其实效性有赖于学生的自律意识与自主学习能力"。该学者认为,"这一模式意味着学校传统教学中的'教'与'学'两端都发生了重大变革,前者主要体现在学习资源与学习支持服务均通过远程教育技术提供,后者则呈现出一种强调学生主体性的学习新生态"。[①] 在本节,我们主要讨论"后者",即学生居家学习的新生态所带来的教师与家长的指导。

居家学习的内容和时间安排比较灵活,更多是由家庭或者孩子自行决定的,与学校教育有本质区别。培养学生的自律意识与自主学习能力是居家指导的重要内容。"居家学习"不仅需要教师的指导,更需要得到学生家长的理解与支持,这就需要做好

---

① 李德显,苏若菊.居家学习:误区、反思及启示[J].教育科学,2020,36(06):28—33.

家庭教育指导工作。从更广义上说,居家指导不仅仅是指导孩子学习,也包括家长辅以恰当的教养方式与陪伴,这种无声的指导对孩子居家学习与生活有较大影响。有研究表明,"小学生居家学习期间的父母陪伴主要以后勤保障、学业辅导、作息监督、运动游戏、交流谈心为主,伴有少数其他内容"①。可见,居家指导中的父母陪伴方式还有待改进和完善。

二、理论视角

苏联著名教育家马卡连柯在论述学校教育和家庭教育的关系时,有一个简单而鲜明的观点:学校应当指导家庭。因为学校是从事教育的专门机构,拥有大量的教育专职人员,能按教育规律科学地对儿童施以教育。这些教育专职人员懂得教育学、心理学的知识,懂得儿童的身心特点和发展规律,能够掌握科学的教育方法。因此,在家长的教育素养还不高的情况下,教师应主动地指导家庭教育。

居家指导既要关注孩子的学业发展,也要重视孩子的生命健康。全国妇联、教育部等九部门发布了关于印发《全国家庭教育指导大纲(修订)》的通知,修订后的《大纲》增加了家庭道德教育的相关内容,根据时代特征增加了父辈、祖辈联合教养指导,多子女养育及互联网时代的家庭媒介教育等内容。

学校可通过建立家长学校,由教师指导家长如何开展家庭教育。家庭教育指导的宗旨是促进家长树立正确的家庭教育观念,提高家长家庭教育水准,帮助家长掌握科学的家庭教育方法,从而促进孩子德、智、体、美、劳诸方面和谐发展。指导家庭教育的主要任务是宣传家庭教育的重要意义,帮助家长明确家庭教育的责任和义务、提高学校与家庭合作的意识,形成学校教育、家庭教育、社会教育三位一体的合力。指导家庭教育的基本内容是要帮助家长认识什么是家庭教育,它的本质、特点、规律是什么,进而传授家庭教育的基本知识。总之,指导家庭教育就是要帮助家长树立正确的家庭教育观念,纠正不正确的家庭教育思想,帮助家长掌握科学教育方法,提高家庭教育技能。

---

① 帅筱悦,芦咏莉.居家学习期间父母陪伴与儿童成长的关系[J].中小学心理健康教育,2021(09):8—12.

三、辅导建议

案例

　　某班主任的一个班级,有三个孩子来自离异家庭。其中一个孩子是真正意义上的留守儿童,自父母离异后一直是由爷爷奶奶抚养。该男生的表现是缺乏思考能力,学习能力差,学习习惯差,对自己缺乏信心。明明坚持一下就可以做到的事情也不去坚持,常常半途而废,需要老师不断给予鼓励和监督。生活中常以自我为中心,经常与其他人发生冲突,自我控制能力弱,脾气一旦爆发就不可收拾,屡次与其他学生因发生口角冲突甚至上升为肢体冲突。识记能力差,逻辑思维能力和分析能力也非常弱,几乎所有学科都学不了,只能寻求电子游戏的慰藉。

作为班主任,应如何指导家长对孩子进行教育呢?

1. 指导家长调整自身不良情绪。家长的情绪很多时候会影响到孩子,如果家长经常对孩子发脾气或者是经常把自己的种种不快与孩子诉说,就等于把自己的不良情绪转嫁到孩子身上。孩子是敏感的,家庭气氛的变化会直接影响孩子的情绪,造成孩子紧张、焦虑、暴躁等异常情绪。父母会对孩子造成一定的心理压力,使孩子的情绪经常波动,导致孩子的注意力、记忆力下降,上课不专心,缺乏学习的积极性与主动性,学习成绩不理想并产生厌学心理。作为班主任,要把家庭对孩子的影响跟家长分析清楚,把一些成功的单亲家长的做法与家长分享。尽量让家长消除自己的不良情绪,调整心态,用积极乐观的生活态度去影响孩子,让孩子对自己的未来充满信心。

2. 指导家长采取恰当的家庭教育方式。家庭成员的缺失往往也导致了家庭教育的缺损和教育方式的偏差,因此正确的家庭教育观念和教育方式引导显得更为重要。离异家庭的父母要加强理性,不要为了弥补孩子而过分地满足孩子的要求,不能对孩子放任自流,撒手不管,更不能为了报复对方而过分满足孩子的要求,养成孩子的放纵和娇气,这些过分的溺爱不利于孩子身心的健康成长。班主任在与这些家长沟通的过程中,要跟家长明确孩子的具体情况,引导他们安排好孩子的学习和生活,帮助他们学会自信、自立、自助和自强。

3. 指导家长双方尽可能多地关注孩子。父母是孩子的第一任教师,家庭是孩子的第一所学校,孩子的健康成长需要一个稳定和谐的家庭环境。在父母双方的共同抚育下,来自父母的不同的教育方式和方法交替影响着孩子,使其均衡发展。作为班主任,在与家长沟通的过程中要明确父母在孩子的成长过程中都扮演着不可缺失的角色,无论是否还和孩子居住在一起,都要定期与其沟通。不管家长双方的关系如何,对孩子的关心不能变,因为家长的关心与否将会影响孩子的一生。

4. 指导家长丰富家庭生活。由于家庭关系的失调,离异家庭往往表现出沉闷、压抑的生活气氛,这种气氛势必影响孩子的健康成长。班主任可以建议离异家庭的父母适当安排一些有趣的娱乐休闲活动,尽可能让家庭生活多姿多彩,通过增添生活乐趣使孩子摆脱父母离异带来的孤独感和不适感,同时增加孩子与现实社会接触的机会,消除孩子脱离现实的心理状态,避免孩子沉迷于网络或者是虚幻小说中不能自拔。

第三节　家庭心理辅导

一、简要概述

家庭教育是在家庭生活中发生的、以亲子关系为中心、以培养社会需要的人为目标的教育活动。班主任除了日常的教学工作、班级管理工作外,还肩负着与家中的教育者如父母、祖辈沟通的工作,承担着对非教育专业人员的指导任务。

家庭心理辅导与家庭教育指导有所不同。在家庭教育指导中,班主任往往就如何开展家庭教育对家长进行"指示教导"或"示范引导",此时的指导具有辅助教育功能,指导中更强调家庭教育的方法,指导范围与内容具有普遍性,班主任往往具有专业权威性。家庭心理辅导是指班主任运用一定的心理学原理与方法,对已经出现或将要出现问题的学生家庭采取的辅导,在家庭心理辅导中,班主任通过与学生、家长的交流探讨,实现的是对学生与家长的辅导功能,与家长是一种平等的关系,班主任不替家长做决定。

二、理论视角

2015 年 10 月 11 日,教育部印发《关于加强家庭教育工作的指导意见》,该文件凸显了加强家庭教育工作的重要意义,进一步明确了家长在家庭教育中的主体责任,强调学校在家庭教育工作中的指导作用。

对于中小学生而言,整个成长阶段主要受家庭和学校两大系统的影响。越来越多的家长对于儿童青少年的心理问题和家庭之间的关系,有了比较深的认识,但是还有很大一部分家长认识得不够清楚:有的家长看不到孩子的问题行为,有的家长看到了孩子的问题行为,但是片面地以为这种问题行为和自己没有什么关系,是孩子主观的不努力所致。

家庭心理辅导是从家庭环境与互动模式的视角,帮助家长看到孩子的问题与家庭系统之间的关系,主要借鉴了家庭治疗以下流派的理念:

1. 系统式家庭治疗理论。系统式家庭治疗理论强调在整体的框架中理解个体心理问题,个体的心理问题不是与生俱来的,而是在系统环境中通过交互作用共同建构的。个体问题只是系统问题的反应和信号,而系统式治疗就是依据这个信号深入探索,找到系统的交互过程中出现了哪些问题并予以处理,从而使个体问题得以改善。

2. 结构式家庭治疗理论。结构式家庭治疗理论认为,家庭内部存在一种结构式组织,使每个成员有归属感,同时又允许成员保持各自的个体化。这种结构必须有灵活性,以适应环境的变化。结构中要有明确的界线或规则,明确每个人有自己的权利。如果家庭结构混乱或者界线不清,家庭的组织、关系、角色、权力执行都会混乱,表现出不适当行为。该理论强调家庭的结构或规则、界限、联盟等用于描述结构的重要元素。在治疗中主要任务就是挑战家庭现有的互动模式并提供一些训练和教导。

3. 经验式家庭治疗理论。经验式家庭治疗理论认为个体问题症状源于家庭成员之间沟通和互动不良。当家庭成员掩饰自己的真情实感时可能会使用"症状"作为替代方式,"症状"具有维持家庭平衡和保护家庭的作用。

4. 心理教育家庭治疗。心理教育家庭治疗以经验为主,旨在向受困扰的家庭提供信息和指导,以使他们能够发展理解和应对有障碍的家庭成员的技巧,或处理处于困境的家庭关系。该疗法综合应用家庭系统理论、认知行为治疗、教育心理学和结构治疗等原理和方法,帮助家庭获得更好的技巧或具体策略,有效地处理日常人际关系、预防问题。

三、辅导建议

案例

一个初二男生,父母已经离婚。离婚前,为了家产和孩子等问题,夫妻两人每天都在争吵、谩骂。而离婚后,早就搬离家庭的父亲仿佛从未离开过,一直生活在妈妈的嘴巴里,母亲不断地在孩子面前抱怨父亲,孩子逐渐认同了母亲对于父亲的埋怨,开始憎恨甚至认为是父亲"渣"才导致家庭的破碎。孩子成绩急速下滑,而且经常迟到、旷课。

班主任找家长了解情况,同时介绍了孩子最近在学校的情况,父亲知道学习一向不错的孩子现在的糟糕情况,很着急。谁知孩子一听说父亲找他,马上说:"他都不要我了,还有什么权力管我?"老师听到孩子说这样的话,意识到父母离婚不仅意味着家庭破裂,还让孩子产生了严重的被抛弃感。但据老师了解,这位父亲并不是孩子所感觉的那样,他一直关心孩子的学习,不仅经济上给予大力支持,而且经常主动要求和孩子见面沟通,只是母亲总是从中阻拦。班主任从与孩子的几次谈心中了解到,孩子目前体验到的被抛弃感似乎是母亲的感觉被强行灌输到孩子心里,孩子被迫承接了母亲的很多痛苦。作为男孩子,对父亲的仇恨还会阻碍他自我同一性的建立。

此后班主任邀请母亲到学校,和母亲谈了自己对离婚的理解,以及母亲对父亲的怨恨对孩子的影响是什么,男孩长大过程中父亲有怎样的影响等。同时,班主任表达了对母亲的理解:作为妻子会有众多委屈、不满,但作为母亲需要处理自己的情绪,而不是把情绪扔给孩子,让孩子承接。如果看不到孩子父亲作为一个丈夫的优点,可以试着让孩子自己感觉父亲是什么样的。交流后,母亲承认前夫作为父亲是合格的。在班主任的提议下,母亲自己开始接受心理咨询,不再把自己的痛苦带给孩子,也不再阻拦父子见面。因为母亲的改变,孩子慢慢也发生了变化。

据研究,夫妻离异前后,是对孩子影响最大的时刻,即使孩子能够慢慢稳定下来,但父母离异依然是影响孩子的重要生活事件。在这个关键时刻,班主任作为家庭以外的重要他人在关心孩子的同时,也要提醒家长:离婚意味着家庭结构解体,但并不意味着家庭功能完全丧失。夫妻双方仍然可以通过行动来改善孩子对离婚的认识。"保全亲子关系,和孩子一起面对生活的变化和重建,相信孩子的修复能力,帮孩子找到再次成长和启动的力量。"

1. 家庭心理辅导的注意事项

首先,班主任对学生要有充分的了解,能较全面地看待学生的心理和行为成因,既包括学生在学校呈现的问题,也包括学生的优点、长处。如果班主任能准确地说出来,并有事例为证,会让整个家庭感受到班主任在学生身上投注的情感,让家庭认识到班主任约谈家庭中的任何一员,都是出于对学生的关心和爱。

其次,根据实际情况选择双方都能接受的时间段和场所,家庭心理辅导一般是用谈话方式开展的,很可能会涉及家庭的秘密和隐私,一个安全的场所能让学生和家长感受到班主任对辅导约谈的重视、对家庭的尊重及班主任的专业性。因此,如果在校约谈,宜选择安静、有私密性的办公室,而不是开放的班主任办公室。

再次,在辅导时,应遵循基本的社交礼仪,用平等的心态讨论双方都关心的人。与家庭成员进行交谈的过程中,要尽可能运用易于理解的、平易化的语言与其进行交流,以降低学生以及其家庭对心理问题的敏感性,更不要轻易就某件事情责怪家长。即便家长在某些方面存在问题,班主任要做的也是客观指出其问题所在,并尽其所能对家长的错误行为进行正确引导,与学生及其家庭成员建立信任关系。

2. 家庭心理辅导需要注意的边界

现在的学生成长环境复杂,家庭问题形式多样,当班主任走近学生,想要了解学生更多的信息,甚至对家庭成员进行心理辅导时,必然会深入家庭,各种意想不到的事情都可能会发生。有的家长会把班主任当成拯救者,学生可能会把班主任当父亲、母亲,甚至敌人,导致班主任卷入过多的情感,承担本不该自己承担的责任,产生疲劳感。但是,如果班主任与学生和学生背后的家庭保持过远的距离,对学生的帮助似乎就是隔靴搔痒,起不到根本作用。

要解决这个难题,一方面,班主任作为学校中与学生接触机会最多的成年人,是学生成长过程中的见证者,班主任有必要了解学生的成长过程,帮助他们应对成长过程中可能面临的困境;另一方面,班主任需要时刻觉察自己的心态,意识到孩子最终是否成才,成为一个什么样的人,是家庭、学校、社会共同养育的结果,"班主任"只是其中的一分子,做好自己能做的,又不越界,只有抱有这样的心态,班主任才能在工作中主动结合方方面面的力量,为学生成长创造良好的环境,同时承担自己该承担的责任。

第十一章

班主任心理健康

第一节　班主任压力管理

一、简要概述

　　压力管理是一个重要的话题,尤其对于班主任来说,由于职业的特殊性,他们承受着较大的工作压力。班主任通常既是学科教师,又是班级的辅导者、学生的人生导师。因此,班主任和学科教师的压力既有相同之处,也有不同之处。首先,在社会期望方面,班主任和学科教师同样有既要减轻学生学业负担又要努力提升成绩的压力,此外,班主任在引领学生成长、处理班级突发事件、家校沟通等方面不允许有半点差错。其次,在学科成绩方面,学科教师只需对自己任教的学科的成绩负责,而班主任不仅有自己所教学科的成绩的压力,而且还有班级学生综合表现在同一年级中所处水平的压力。第三,在班级纪律方面,学科教师通常只需要维持好自己课堂的纪律;而班主任不仅要维持好自己所教学科的课堂纪律,还要加强学生在校各项活动中的行为规范教育。第四,在学校考核方面,学科教师的压力是接受学生学业水平的考核;但班主任身兼数职,学校对班主任的考核和评价内容也更多。

　　适度的压力可以促进班主任提高工作效率,但过度的压力则会影响班主任的身心健康和专业成长。对于班主任的压力管理,许多专家学者提出从社会层面、教育行政部门层面以及学校层面等制定相关减负政策,提供物质和精神支持来缓解班主任的工作压力。本文所指的压力管理主要指通过班主任个人的主观努力来缓解压力,这不仅有益于班主任自己的身心健康,同时能更好地引领学生健康成长。

二、理论视角

近年来,越来越多的国内外研究结果表明,过大或过小的压力都会对健康、工作、生活产生消极的影响。压力管理的目标并不是消除所有的压力,而是在不影响工作活力和生活质量的情况下尽可能地减少压力所带来的负面作用,让压力达到适度水平,从而使个体保持健康的心身状态积极投入到工作、生活中。

(一)正念减压疗法

正念减压疗法(MBSR)的创始人是美国麻省大学的乔·卡巴金(Jon Kabat-Zinn)教授。他对正念的定义是:"正念是以一种特定的方式来觉察,即有意识地觉察、活在当下及不做判断。"可见,正念的核心原则是不加评判地专注于当下,非常适合一个人练习,练习方法有多种,最简单易行的正念即是专注于呼吸的练习。目前该疗法除了应用在身心医疗领域外,也逐渐推广于教育、监狱与企业等机构。

(二)SMART-C 压力管理方案

SMART-C 是中国中医科学院博士王芳根据哈佛大学 SMART 压力管理方案进行了本土化的优化而编制出的、适合中国人的压力管理方案,是一套针对压力和情绪进行管理的系统干预方法。压力管理的重要原则之一,是尽量让身体处于放松反应(relaxation response,RR)的状态中,对应的训练方法叫作 RR 训练。[①] SMART-C 压力管理方案从心理学和生理学角度出发,围绕觉察压力、认知提升、释放情绪、唤醒激情、关注当下、整合工作生活六个模块提供了许多系统、科学、有效、实用的 RR 训练方法和生活中的适应性策略,旨在让大家掌握压力管理的各种技术方法,提高应对压力的能力,更好地调节情绪,从而保持身心健康。

---

① 王芳. 当压力来敲门:哈佛大学 SMART 压力管理本土化指导手册[M].北京:华夏出版社,2020:71.

RR训练是SMART-C压力管理的核心和特色,包括基础训练、常规训练和使用方便的迷你训练。基础RR训练即呼吸训练,常用的两种呼吸训练方法是呼吸觉察和腹式呼吸;常规训练方式比较多,有身体觉察式RR训练、当下式RR训练、冥想式运动等等;迷你RR训练可操作性强、起效迅速,可以随时随地练习,训练时间只需5—10分钟,可以充分运用到日常生活的方方面面,帮助人们在遇到压力、感到紧张时应对,使压力迅速得到缓解。①

(三)自我效能理论

自我效能是美国心理学家班杜拉(Bandura)最早于1977年提出的一个概念。班杜拉认为,自我效能感对人的行为和态度具有极大的影响,它决定着人们对活动的选择以及对该活动的坚持性,影响人们在困难面前的态度,影响新行为的习得和已习得行为的表现,影响活动时的情绪。② 在《自我效能:控制的实施》中班杜拉还专章论述了自我效能的健康功能。近40年来,自我效能理论广泛用于人类行为的研究。

三、辅导建议

案例

2020年是不平凡的一年,共同抗疫背景下,学校的教育教学工作有了新的挑战。对于每一位班主任来说,寒假中要停课不停学,网络教学对大家的信息技术要求是必须熟练掌握操作,这是个不小的挑战;又要关注学生在寒假中的身体状况、活动轨迹的情况统计及日报。五月开学后,教师要根据学

---

① 王芳.当压力来敲门:哈佛大学SMART压力管理本土化指导手册[M].北京:华夏出版社,2020:71—72.

② 黄希庭.人格心理学[M].杭州:浙江教育出版社,2002:315.

校要求积极指导学生做好疫情防控,引导学生养成良好的行为规范,同时还要做好直播教学内容的延续与巩固。刚工作第三年的四(3)班班主任小王老师感到整日忙忙碌碌的,身心疲惫。

周五放学后,小王老师动作迅速地整理办公桌准备离开学校。"叮铃铃"手机铃声响起:"喂,王老师吗? 我是 C 的家长,有事需要到校解决。"声音强硬而又坚决。挂完电话,王老师的心情一下子变得沉重起来。

没过多久,家长便来到办公室,气呼呼地一个人讲了一个多小时,不让王老师插上话。原来班级中的一位班干部在体育课队伍管理时用力拉扯 C,又拽了他的红领巾,C 的妈妈认为孩子受到了伤害。这件事激发了后续一系列的矛盾,矛头不仅指向了对方家长,也指向了班主任和当时的任课教师——体育老师 L 老师。

王老师的调解方案是邀请双方家长、任课老师都到校,说清楚事情的经过,同时通过班会课对全体学生进行教育,任课老师也表示在今后上课带队时会加强教育,并更换了管理小干部,对方家长随后带着孩子去 C 家道歉。原本以为事情可以就此解决。

然而,C 家长没有同意王老师的处理方法,并提出了几点要求:一是班主任召开班会,需要对方学生在全班面前向自己儿子道歉,因为自己儿子也是在全体学生面前被批评和拉扯的。二是体育老师需要向自己儿子道歉,因为儿子几次在体育课出现被欺负的现象,作为老师没有及时发现是失责。

就这样一个同学间由违反行规引发的事件,王老师前前后后召集家长和体育老师商量、处理、沟通了四次,还未处理完……

王老师崩溃了,想想自己每天起早摸黑一心扑在班级学生身上,像个陀螺一样上课、批作业,课余时间不是在给学生辅导学习,就是在处理学生的矛盾、处理家长的来电来访,忙得都没有时间和精力去陪伴自己的小宝宝。她越想越委屈,趴在办公桌上号啕大哭。

德育分管领导张老师将小王老师平时的努力都看在眼里,非常认可小王老师的工作态度。她闻讯来到小王老师的办公室。

"王老师,怎么啦,是不是工作中遇到难事了? 不要哭,说说什么事,我们一起想办法。"张校长亲切地问道。

"……,我以为两个孩子课后互相道歉,又进行了个别的教育和集体的教育,事情就解决了,没想到还没完没了了,我这几天连续几个晚上都没睡好,天天回复短信,白天害怕 C 家长又不断提出要求来找我。"王老师一边叙述着事情的经过,一边委屈地眼泪不停地流下来。

"是啊,在问题的处理过程中,我们会遇到各种各样的家长,家长的个性、理念不一,会出现一些对老师做法的不认同或者质疑。你已经很努力了,遇到比较棘手的问题,也不能一个人扛着,可以和同事或者学校领导沟通,大家一起想办法来解决问题。你可以约一下双方家长到学校,校方一起参与,与家长进行沟通和调解……"张校长安慰着小王老师。

"今天和您沟通后,我仿佛一下子没那么难受了,心里也没那么慌张了。我会和双方家长再进行沟通,说说安慰的话,让家长心情平稳下来再到学校一起处理,谢谢张校长!"此时的王老师脸上有了一些笑容。

不知不觉,已经到了下班的时间,张老师拉着小王老师说:"班主任工作中难免会遇到一些比较心烦的事情,要学会调解自己的心情,缓解自己的工作压力。今天学校有瑜伽社团,一起去练习瑜伽吧,肌肉的拉伸和放松也可以减轻我们工作中的压力感。"

"啊? 哈哈,那我去感受一下吧!"就这样,小王老师和张老师一起去了学校的瑜伽社团练习。一场瑜伽下来,小王老师笑着说:"我感觉已经筋疲力尽了,但是心里一下了轻松了,好像堵在心头的石头落地了。"

第二天,小王老师主动跟双方家长进行电话沟通,站在双方的不同角度分析了事情,给予家长心理安慰,真诚地希望得到家长的理解。王老师推心置腹地和家长沟通,为双方家长到校解决问题创造了和谐的氛围。

本案例中的小王老师对日常的教学和班主任工作都非常努力,整天忙忙碌碌。在处理学生间的矛盾事件无法令家长满意时压力非常大,工作陷入了僵局。但是小王老师最终通过各种方法,缓解了压力,使问题得以顺畅地解决。

首先,倾诉中获能量。本案例中,王老师在与张校长沟通后,一方面她在倾诉中释放了积压在心中的委屈,同时得到学校领导的理解,另一方面由学校出面协调各方共同面对问题,处理矛盾,也让王老师有了处理问题的信心。当班主任一个人在处理学生间矛盾的过程中遇到困难时,校方或者同事的支持都能给予其莫大的安慰和力量,能让她更加勇敢地面对种种问题的到来,不会感到惧怕。

其次,运动缓解压力。小王老师在感觉自己快要崩溃时,被邀请一起练习瑜伽,通过一定的身体运动消除了紧张的情绪。瑜伽后,王老师的工作压力得到缓解,紧张的情绪有了平复,心情也随之好了起来。

最后,真诚换来理解。王老师在缓解压力、调整情绪后主动与家长进行沟通,愉悦的心情使交流更加顺畅,让她能心平气和地站在家长的角度分析问题,将心比心的聊天使谈话更容易让人接纳,最终王老师得到了家长的理解,问题迎刃而解。

小王老师工作中的压力在班主任队伍中非常普遍,作为班主任,要注意以下几点:

1. 修正认知观念,提升自我效能感。在现实的教育教学中,中小学班主任既是学生日常思想道德教育和学生管理工作的主要实施者、学生健康成长的引领者和人生导师,还是一个学科教师,两者都有高度的专业要求。多重富有挑战性的角色使许多班主任经常处于手忙脚乱之中,导致工作压力非常大。从班主任个体的认知角度分析,班主任工作压力大的原因有这样两种情况:一是思想上重视学科教学研究,把班主任工作放在其次,任务式地完成班主任工作,当班级学生群体中发生事件时了解情况不够仔细、工作方式方法简单,容易引发家长对教师、对学校工作的不满,形成恶性循环;二是部分班主任"完美形象"的认知误区也导致自身工作压力加大,他们将理想中的班主任形象与现实世界中的个人形象等同起来,迫使自己身心超负荷运转,随之而来的挫败感会导致工作压力过大。这两种情况都需要班主任不断修正认知观念,不断提升自我效能感。对于前者,要充分认识班主任工作的意义,坚信自己的教育活动在学生成长和社会发展中的作用,拥有对教育价值的认定和承诺。即使遇到困难,也能想方设法解决问题,感受成功后的喜悦与幸福,提升自我效能感。对于后者,应正视自己的实际情况,面对现实,接受挑战,积极进取,加快班主任工作专业知识的充实和工作方法技能的提高,在坚定自己的理想和信念的同时,在自己力所能及的范围内,尽自己的努力做好班主任各项工作，增强自我效能感。

2. 注重沟通交流，赢得家长支持。孩子的健康成长需要学校、家庭、社会"三位一体"的协同教育。在班主任工作中，加强与家长的沟通交流，赢得家长对教师的信任和尊重，形成家校合力，不仅能促进学生更好地发展，还能赢得家长对班级、学校工作的理解和支持，使班主任工作成效事半功倍，对缓解工作压力有极大的帮助。从工作关系上讲，班主任和学生家长地位是平等的，都是学生的教育者；从目标上看，两者也是是一致的，都想培养好学生。罗兰曾说："美好的东西时常是由于它是真诚的。"与家长的沟通，首先态度要真诚。在跟家长的沟通交流中要以学生为中心，坦诚相见，推心置腹，实事求是地肯定学生的优点，指出他的不足之处，为学生的成长与进步提出科学合理、可操作的建议，和家长产生语言共鸣，让家长真正感受到老师为了学生付出的辛勤劳动，这样家长才会乐意跟班主任建立伙伴关系，才会尊敬和信赖班主任，才能"亲其师，信其道"。其次，语言要有艺术。班级学生来自不同的家庭，每个家长的文化水平、素质、修养不同，各个家长对学校教育的配合程度自然存在很大的差异性，这就要求我们必须深入了解家长，以便有针对性地运用语言的艺术与不同类型的家长进行沟通，有效处置问题，化解家校矛盾，助推学生健康成长。第三，方式要有选择。跟家长沟通的方式有许多，家访、电话、QQ群、微信群、家长会等，各种方式都有其优点和缺点。班主任要根据不同的沟通需求选择合适的方式与家长进行有效沟通。随着社会经济和信息技术的快速发展，在实践中班主任与家长的沟通多数在QQ群、微信群等网络平台进行，需要指出的是尽管网络平台联系交流比较方便，而且随时随地都可以进行交流，但是实践证明它是一把双刃剑，没有使用约束的话会增加许多麻烦。因此，班主任在建群的同时要跟家长明确使用公约，并在使用过程中做好维护工作。

3. 加强学习提升，掌握自我调适策略。班主任是中小学生健康成长的引领者和人生导师，自身保持良好的心理素质和状态尤为重要。因此，班主任应正视自己，面对现实，接受挑战，加强心理专业知识的提升，寻找科学有效的自我解压方式，加强自我调适。一是自主学习。通过专题讲座、阅读相关书籍等方式了解心理活动的一般规律、初步知晓常见心理疾患的症状标准，对心理健康情况能自我识别，学习掌握一些科学的心理应对方法,知晓在面对严重心理困扰的情况下如何及时获得外在的帮助。[①] 二是参与培训。教师每五年都要进行学分培训,上海地区的教师分为市级培训和区级培训,不管是市级培训平台还是区级培训平台都有相关的心理辅导或修身养性网络课程推出,班主任可以有意识地选择相关课程进行学习,通过听专家授课、参与BBS讨论、完成作业等环节了解、掌握心理学相关知识,学以致用,增强自我调节的能力,合理分析压力、合理调节压力,积极面对班主任工作。三是加强锻炼。研究表明,体育运动能直接给人带来愉快和喜悦,降低紧张和不安,从而调控人的压力和情绪,对各年龄段群体的身心健康都有积极的促进作用。班主任可以利用课余时间,结合自己的身体状况选择合适的运动方式加强锻炼,从而缓解工作压力。

第二节　班主任情绪调适

一、简要概述

班主任是中小学的重要岗位,是中小学生健康成长的引领者,也是学生的人生导师。班主任的情绪不仅会影响到自身的身心健康和教育教学工作的开展,更会影响到学生的健康成长。班主任养成积极、乐观、平和、宽容的心态,能够悦纳自我、欣赏他人,善于调节和管理自己的情绪,是非常重要的。这种潜移默化的影响对孩子来说就是最好的教育。近年来,随着人们对教育的重视程度不断提高,对教育的期望值也在不断提升。中小学班主任工作面临任务烦琐、压力大、竞争激烈、缺少幸福感的困境,容易出现抱怨、焦虑、暴躁等情绪问题。因此,班主任需要学会觉察自己的情绪状态,掌握必要的情绪调适方法,学会情绪的自我管理,努力摆脱不良情绪的困扰。

---

① 陈洁,吴增强.上海教师心理援助制度构想[J]上海教育科研,2008:24—26.

二、理论视角

　　一般来说，人的一切心理活动都带有一定的情绪色彩。"人非草木，孰能无情？"人的情绪千变万化，通常我们认为情绪无对错之分，但是快乐、积极、平和的情绪有益于人的身心健康，而愤怒、悲伤、消极等情绪有害于人的健康。马斯洛认为心理健康的人能够进行适度的情绪表达与控制。可见，良好的情绪表达与控制能力是心理健康的标志之一。

　　此外，情绪稳定也是一个人心理成熟的重要标志。所谓情绪稳定，主要指一个人能够积极地调节、控制自己的情绪，在短时间内情绪没有大起大落，不会时而眉飞色舞，时而暴跳如雷。美国社会心理学家费斯汀格有一个著名的理论，即"费斯汀格法则"：生活中的10％由发生在你身上的事情组成，而另外的90％则由你对所发生事情的反应决定。这个法则很好地说明了情绪调适的重要性，当发生了我们不可控的10％后，接下来的90％如何发展就取决于我们的情绪调适了。

　　情绪感染是人们的情绪相互影响，循环反应，并不断强化的一种精神现象。在这一过程中，个人受其他人的情绪影响，会引起同样的或更强烈的情绪反应。有学者认为，"情绪感染实质上是环境情绪的传递交流，它使得相同的情绪在不同的个体间传播，并使这种情绪得到进一步强化"。美国教育心理学家吉诺特博士曾说，作为一名教师，他（她）要么是帮助人，要么就是伤害人。班主任处于班级管理的核心地位，他的情绪往往会对班级产生很大的感染力。班主任的良好情绪会对班级产生积极的影响，如情绪稳定、开朗乐观，会让学生产生亲近感；而班主任的不良情绪则会对班级产生消极影响，如喜怒无常、抱怨急躁，会让学生产生畏惧感等。因此，班主任应当重视自己的心理调节，以积极健康的情绪感染学生。

　　作为班主任，我们面对的是一群正在成长中的青少年，苏霍姆林斯基说："教育是人和人心灵上的最微妙的相互接触。""儿童每天都在亲身地感受教师的行为举止，并在他们的心灵深处做出最细腻的情感反应。"教育家陶行知有一句名言："你的教鞭下有瓦特，你的冷眼里有牛顿，你的讥笑里有爱迪生。"俗话说："良言一句三冬暖，恶语伤人六月寒。"从这句话里我们可以看到，语言的力量是巨大的，它既可以给人带来支持、安慰、温暖，也可以给人带去伤害、破裂和毁灭。人在生气时说的话往往带有很强的杀伤力，可能会在对方心里留下永远都散不去的阴影。

三、辅导建议

案例

经历了去年的校运会，我知道体育不是我们班的强项，去年的校运会我们班的名次是倒数第二名，所以我为今年的校运会定了明确的奋斗目标——争四保五。

上午的比赛有条不紊地进行着，我们班收获了一些喜悦，也错失了一些机会，尤其是女生，要么连决赛都进不了，要么就是包揽决赛的最后两名，始终得不到一点分数。面对这种情形，虽然大家有些思想准备，但多少还是有些失落，有的同学甚至开始说，看来这次我们班要垫底了。

比赛进行到下午，男生们的喜悦越来越多，我发现形势有了转机。正当大家又对"争四"有点信心的时候，不想又出现了新状况——一边是检录处要求参加男子二百米决赛的同学马上去检录，一边是操场上滚铁环项目马上要开始比赛。体育委员问我：

"老师，小王又要跑二百米，又有滚铁环项目，怎么办？"

"哪个先比？"

"好像两个都要开始了。"

"滚铁环是团体项目，就找人代替他去滚铁环吧。"

"那找谁呢？"

我回头问男同学："你们谁会滚铁环？"

"不会。"

"小戴会。"有同学说。

我看着小戴,他却急忙低下了头:"我不去。"然后再也找不到他的目光。我了解这个小孩的个性,何况现在紧急时刻,来不及做他的思想工作,所以我放弃了。

"还有谁会?"

"我不会。"

"我也不会。"

"我会一点儿。"

终于看到希望了,我一看是小奇,也来不及多想,马上说:"太好了,那你快去吧。"

紧急关头,还好有人顶上去了,我心里松了一口气。

可过了一会儿,就有同学跑回来报信:"张老师,小奇他根本就不会滚,一直在原地打转。"

没过多久,参加滚铁环项目的同学都回来了,叽叽喳喳地说个不停。

"老师,你怎么会派小奇来滚铁环? 他根本就不会滚。"

"就是呀,我们原本是滚得最快的,可轮到他了,只会在原地打转。"

"他根本就滚不来,居然还往回滚了一大段。"

"对的对的,到后来其他班级的铁环都已经收起来了,他还没有滚到对面,我们最后一个人都不用滚了。"

……

他们你一言我一语,争先恐后地诉说着小奇的"罪状",其他的同学了解情况后,也开始起哄,或嘲笑,或抱怨。

而此时小奇的脸早已涨得通红,红到了脖颈。

"我早就说了我会一点点。"

"你哪里会一点? 你一点都滚不来,比我都差远了。"

"就你那水平,哪个都比你强!"

"那你们当时为什么不去?!"看着这些"事后诸葛亮",我顿时气不打一处来。

被我一声呵斥,同学们顿时不敢吭声了,气氛变得有些凝重。我意识到自己刚才的嗓门有些大了,深呼吸了两下,用比较平稳的语气说道:

"你们的心情老师理解,大家都是为了班级荣誉,说明你们都很有集体荣誉感。但是你们不应该责怪小奇,集体项目,赢了是大家的功劳,输了也不应该指责个人,更何况他原本就没有报这个项目,是临时顶替的,他平时没有练过,加上比赛有点紧张,滚得不好也很正常。"

我停顿了片刻,瞄了一眼小奇,他红着脸,瞪着眼睛看着我。我扫了一遍刚才说他的同学,继续往下说:

"你们在埋怨他的同时是不是应该想一想,当时紧要关头,老师问了好几遍,都没有人愿意站出来,只有小奇站出来。他在集体最需要的时候肯站出来,这种精神难道不应该值得肯定吗?如果我们都能像他一样,在集体需要的时候勇敢地站出来,那还有什么不能克服的?别说是一个滚铁环项目,我想没有什么困难是我们战胜不了的……"

听了这番话,同学们都低头不语,而小奇依旧红着脸,时而晃着他的大脑袋。我看看小戴,他始终低着头,脸上没有任何表情。

滚铁环的风波暂时平息了,但是我的内心却无法平静下来,反思自己的决策,实在是太不明智了,想想这个小奇,一向愣头愣脑的,滚铁环是要讲究技巧的,怎么能派他去?再想想这个小戴,实在是太可气,明明会滚的,就是不肯去,这个家伙班级活动从来都不肯主动参加,永远一副与世隔绝的样子,任凭我往日里对他如何和风细雨,他就是"油盐不进"。更让我郁闷的是滚铁环比赛早就结束了,而小王还在二百米起跑处等候着……

事后,我分别找小奇和小戴谈了话。

当我问小奇对这件事情的想法时,他晃着脑袋对我说,他以前是会一点的,可是好长时间没有滚了,比赛前他想练练,可是谁谁谁不给他铁环。我笑着对他说:"老师当然相信你,我是想说对于同学们的话你不要太介意,老师真的很感谢你在关键时刻能挺身而出,希望你能坚持自己正确的做法,不要受一些同学冷嘲热讽的影响。"他似懂非懂地点了点头,看上去还挺开心的,我也就放心了。

与小戴的谈话相对要费力些，因为他总是不开口，而且脸上没有任何表情。当我问及他对这次滚铁环事件的看法时，他不吭声；当我问他"我们班输了比赛你心里是什么感受"时，他不吭声；当我问他"你有没有想过如果你去也许结果会不一样？"他还是不吭声。此时的我真想大喝一声："你倒是说话呀！"可看着他瘦弱的身躯，想想冰冻三尺非一日之寒，我又耐心地跟他讲了很久。其间，我也会问一些问题，他依然没有回答，而我也没有抱太大指望，继续自顾自地说着，可当我说到"如果明年还出现这样的状况，你愿不愿意去"时，他居然出乎意料地点了点头，不禁让我有些感动。

当我得知我们班的总分与第四名并列，但因为第一名少而屈居第五名时，更是让我对自己当初的决策失误悔青了肠子。唯一让我庆幸的是我没有因为自己的"进取心"而伤害孩子的心。

中国全民健心网肖汉仕教授认为："情绪调适是运用心理学的方法通过自我或他人对情绪施加积极的影响，以促使情绪从不当状态恢复到适当状态的实践活动。情绪调适不是对情绪进行简单的压制，而是进行积极的疏导。"那么，班主任该如何进行情绪调适呢？

首先，要识别自己的情绪状态。这是调节情绪的前提和基础。格式塔学派认为："有效的情绪调节，第一步就是要能够正确地觉察自己的情绪，不管你当时是一个什么样的情况，先让自己冷静一下，感觉和体会'此时此地'的内心体验。如果不能觉察自己内心的情绪，人们往往会把注意力集中在外部事物上。"这样，就容易被外界环境所左右。所以，班主任调适情绪的第一步是要识别自己的情绪状态。

其次，学会乐活人生的 ABCDE。积极心理学家马丁·塞里格曼在《活出最快乐的自己》一书中提出了乐活人生 ABCDE 的观点，A 代表 Activating event/Adversity，意为激发事件，常为不好的事件或不顺心的事件。B 代表 Belief，意为对这件事情的一些想法和信念，许多想法常常是反射性和非理性的。C 代表

Consequence，意为这些想法所引起的后果，包括情绪和行为。D代表Disputation，意为争辩，通过运用实证和逻辑等方法，反驳头脑中的非理性想法。E代表Energization/Exchange，意为激发和转变，即通过理性思维产生新的积极的想法和行为。

乐活人生ABCDE的步骤包括：第一步，找到那个让你感觉不好的事，常常是你认为的失败、挫折和挑战。第二步，挖掘你的想法，也就是你脑子里自动浮现的想法。要知道，不是事件让你产生负面情绪，是你的想法导致你的负面情绪，针对同样的事情，你完全可以有不同的想法。第三步，看到这个想法带来的情绪和冲动，明确你的感受，是失望、愤怒、焦躁，还是羞愧、耻辱……第四步，反驳你的想法。通常，让你感觉不好的想法都是片面的，是被夸大化、绝对化、灾难化了的想法，因此，你要冷静下来，寻找纠正这些错误想法的证据。第五步，激发积极行动。纠正你的错误想法后，你通常会感觉到心平气和，这时，你自然会发现更好地面对和解决问题的方法，那么，激发自己的积极行动吧！

塞里格曼告诉我们，你的想法决定了你的感觉和命运，面对同样的事情，你可能因不同的想法有不同的感觉，从而有不同的行动方向；他教给我们，你可以发现自己头脑中自动浮现的让你陷入无望、愤怒和焦躁等负面情绪的想法，然后静下心来，找到反驳这个想法的证据，反驳这个想法中的片面错误；当你认真反驳了自己的错误想法，全面纠正这些错误想法之后，你会发现自己找到了逃离负面情绪的出口，同时找到了积极行动的方法。

再次，合理宣泄。根据精神分析学派的观点，"适当地宣泄情绪可以释放情绪能量，从而使人的身心机能得到平衡。不良情绪如果长期积压，得不到及时排解，容易诱发身心疾病"。合理的宣泄方式有很多，比如可以通过写日记的方式，将近期的事件和自己的感受记录下来，喜爱绘画的班主任也可以通过绘画的方式表达自己的情绪，哪怕是涂鸦也行，尽情地用色彩来表达你的情绪，或者还可以找一个值得信赖的人倾诉。这些方法都可以缓解压力，释放内心的负能量。

第三节　做一个幸福的班主任

一、简要概述

乌申斯基认为："教育的主要目的在于使学生获得幸福,不能为任何不相干的利益而牺牲这种幸福。"教育不仅要传授知识,还要启迪智慧,更要润泽生命。教育应该让每个生命出彩! 每个教育者都应该树立这样的教育价值观——幸福比优秀更重要!班主任是学生健康成长的指导者和引路人,只有幸福的班主任才会关心学生的幸福,才能培育出幸福的学生。

那么幸福是什么? 每个人对此可能会有不同的看法。从心理学角度来看,"幸福在本质上是指一种愉快和满足的客观心理反应"[①]。幸福是一种主观体验,是个人的心理感受。幸福的班主任不同于优秀的班主任。随着时代的发展,人们对于优秀班主任的理解也在发生转变。只讲爱心和付出已经不能满足当下人们对于优秀班主任的要求了,新形势下的优秀班主任往往是指那些能用爱心、责任和智慧引领孩子成长的人生导师,专业能力强,工作成绩显著。而幸福的班主任更侧重班主任自身的主观体验,是对过去感到满意,对当下感到愉悦,对未来保持乐观的一种心理状态。做幸福的班主任是班主任职业生涯的新境界,应该成为每个班主任的不懈追求。

二、理论视角

班主任的幸福源于何处呢? 班主任的幸福是对学生的真爱和付出,是对教育中生存状态的一种高级的、愉悦的情感体验。李镇西认为:"班主任的幸福源于享受职业,

---

① 李正福,陈锡江,郑锡军. 成就幸福的班主任[J]. 中国德育,2011(5).

赢得尊严,学生爱戴,同行敬佩,家庭幸福,衣食无忧,超越自己。"①"能从平凡的生活中得到快乐,这是人生最大的幸福。"莱布尼茨认为:"幸福就其最广范围而言,就是我们所能有的最大快乐。"人们想要获得幸福,就要在平凡的工作和生活中感受愉悦、享受快乐。班主任的工作快乐感,往往与生活意义、工作责任有关,这种快乐感来源于活动本身,是包含自身兴趣的快乐。如果班主任所从事的工作不是他自己真心喜欢的,只是迫于外在的压力,那他就很难体会到班主任工作的幸福感。

德国教育家雅斯贝尔斯说:"教育是一朵云推动另一朵云,是一棵树摇动另一棵树,是一个灵魂唤醒另一个灵魂。"他在《什么是教育》一书中说:"教育是'人与人精神相契合,文化得以传递的活动',是使受教育者'顿悟的艺术',是促进受教育者自觉'生成'的一种方式,'教育即生成'。而所谓生成,就是每个受教育者都能够主动地、最大限度地发挥自己天赋的潜力,使其'内部灵性与可能性'得到充分的发展。'简言之,教育是人的灵魂的教育,而非理智知识和认识的堆集'。"②当班主任用自己的爱心、耐心和责任心点燃学生心中的火把,用自己的智慧唤醒学生的求知欲时,就会赢得学生的尊重与爱戴,成为学生心中的楷模! 这是何等的幸福! 正如朱永新教授所说:"你的眼里没有色彩,你的生活就不会缤纷。你的心里没有阳光,你的教育就不会辉煌。""享受教育的幸福,你就多了一种生活的诗意。你能从平凡中品味出伟大,从失败中咀嚼出成就。你能读懂每一个孩子的脸庞,走进每一个孩子的心房。你会惊奇地发现:幸福从此熙熙攘攘……"

三、辅导建议

案例

小凡和小须的事儿在班里已是公开的秘密了。同学们从最初的心生好奇、

---

① 戚兰丽.论班主任的幸福[J].科技信息,2012(7):469.
② [德]雅斯贝尔斯.什么是教育[M].邹进,译.上海:上海三联书店,1991.

津津乐道到后来的心知肚明、不以为然,孩子们对他人眼中的"早恋"似乎特别理解和宽容。没有人会告密,虽然那早已不再是秘密,所以老师总是最后知道这些事儿的。等我从他们默契的对视中看出端倪时,他们早已互相表明了心迹,感情已经比较稳固了。

我先找小凡谈了话,当我问到"你是不是和小须比较谈得来"时,他不好意思地笑了。之后,我找同学详细了解了情况,当我得知了从带锁的日记被打开到双方表明心迹,从打打电话、传个纸条到生日送礼等细节后,我突然意识到事态的发展早已超出了我的想象。本来准备好的策略——教育他们将自己的秘密藏在心底,让它成为青春时期美好的回忆显然已经用不上了。

眼看期末大考即将来临,如果现在盯着这个问题不放,势必会给他们带来很大的心理压力,分散他们复习迎考的注意力,影响最终的考试,而这样棘手的问题通常不能速战速决。思考再三,我决定冒一次险。

我把他们一起叫到面前,告诉他们我已经知道他们的秘密。他们只是低着头,并没有表现出诧异,也没有惊慌,显得比较淡定。我告诉他们:"青春期对异性产生朦胧的情感是正常的生理反应,是长大的标志;但是如何正确处理懵懂的情感需要理智。现在学习任务这么重,竞争这么激烈,如果不是全身心投入学习,就有可能掉队。你们都是非常懂事的孩子,老师一直都很喜欢你们,也对你们寄予厚望,你们的家长更是把所有的希望都寄托在你们身上。试想一下,你们的妈妈知道这件事情会作何感想?"

他们低着头,默不作声,但明显没有刚才那么淡定了。

"你们希望家长介入这件事情吗?"

他们摇了摇头。

"老师可以理解你们的心情,我可以答应你们暂时替你们保守秘密,但我也希望你们能理解我的担忧。你们是聪明的孩子,聪明的孩子应该懂得分清主次,把握分寸,学会对自己、对别人负责。期末考试就在眼前,老师希望你们把心思都放在学习上,在学习上互帮互助,以优异的成绩回报父母和老师。"

他们用力点头，非常感激。

其实，我心里还是忐忑不安的，寒假即将来临，万一他们假期里联系过多，甚至单独见面，再出点儿什么事，我岂不是责任重大？至少是知情不报。可是如果现在就告诉他们的家长，他们十有八九要跳起来，然后批评、责骂……毕竟又有几个人能在这样的情况下保持冷静呢？

思来想去，在放假之前，我还是将这件事情告诉了小凡的妈妈，因为必须要有人配合我，让我全面了解他们的动向，在我看来，小凡妈妈还是很配合我的。

她一听到这件事当然万分诧异，也万分焦急，无数次地问我："张老师，那怎么办呀？"我安慰她不要慌张，告诉她青春期的孩子出现这样的情况是正常的现象，加上现在的孩子看到的多、听到的多，且敢想敢做，但缺乏正确处理此类事情的方法和能力。我们不能用成年人的眼光去给他们朦胧的情感定性，这样只会促使他们陷入"恋爱"的误区；而且这个年龄段的孩子逆反心理很强，大人越是这个不许，那个不行，他们越是要对着干。很多事情证明，对于青春期恋情，堵往往行不通，疏才是上策。我们要做的是给孩子提供一些可行的方法，帮孩子分析每一种做法可能会有怎样的结果，并分析其中的利弊关系，帮助他们做出正确的选择，并教育他们要为自己的选择承担责任。

在和小凡妈妈的沟通中，我再三要求她一定要沉住气，不要让孩子有所察觉，要多关注孩子在家时的表现，尤其是QQ聊天记录、电话，双休日的活动情况等，她答应了。

就这样，两个孩子在和风细雨、不动声色的氛围中参加了期末考试，也取得了较令人满意的成绩，随即迎来了愉快的寒假。

寒假期间，我和小凡妈妈随时保持联络，及时了解孩子的情况，好在他们并没有什么举动，寒假过得很平静。

短暂的假期过后，又迎来了崭新的学期。在学校里，我继续关注他们的一举一动：课间两人还会在一起聊天，课堂上的对视却比以前少了。小凡妈妈经常会打电话来询问情况，也告诉我小凡双休日的行踪、上网情况以及电话情况。

终于有一天,小凡忍受不了我们不露声色的"监视"了,在一个周五的晚上,他主动向妈妈坦白了——

"我知道张老师已经把这件事告诉你们了,其实我和小须没什么,只是比较谈得来而已,并不像你们想的那样,你们不用太担心。现在学校里张老师盯着我,在家你们盯着我,我感觉一点自由都没有,好像犯了什么错。而且现在我和她的交往也少了,前几天,她还问我为什么不睬她了,我也说不上来,就是觉得没什么意思……"

之后一段时间,我确实看到了一个较为颓废的小凡,上课心不在焉,整个人无精打采。当我问他最近怎么了时,他说自己也说不清楚,总觉得对什么事情都提不起精神。当我问他最近跟小须怎么了时,他说也没什么,就是不大说话了,总觉得有点别扭。

"原本朦胧而纯洁的情感一旦被捅破,就破坏了原有的美丽,也影响了你们的友谊,反而带来了今天的尴尬局面。不过没关系,这也是一种成长,人不是一开始就懂得如何正确处理各种困扰的。我相信以后你们会懂得如何妥善地处理此类事情……"

"老师,我还有个问题,你怎么知道这件事的? 是谁告诉你的?"

"我怎么知道? 你们一个眼神,我就知道是怎么回事了。你忘了张老师是学什么的?"

"噢!"他笑了,对我佩服得不得了。

我也由衷地笑了,作为班主任,还有什么比这更让人感到幸福呢?

青春期的少男少女对异性产生朦胧的情感是正常的心理现象,是长大成熟的标志。青春期心理需要关注,青春期情感需要尊重,青春期交往需要引导。当老师站在孩子的角度,设身处地去理解孩子的内心需求时,就会努力为孩子营造安全的心理氛围,帮助孩子解决成长中的困惑,从而实现心灵的成长。

本案成功的关键在于张老师始终本着尊重、理解、呵护的态度对待两个孩子,从孩子的内心需求出发，帮他们分析问题、解决问题，赢得了他们的尊重和信任，避免了对立、逆反等消极情绪的产生，使事态朝着大家所期望的方向发展。

当然，家长的配合也非常重要，很多家长在对待孩子青春期交往问题上过于紧张，出现问题就批评、指责，甚至打骂。这种做法让孩子觉得自己得不到尊重和理解，容易产生逆反心理，结果非但不能阻止孩子的"早恋"问题，反而更容易使孩子弄假成真陷入早恋的泥潭。

"不要为打翻的牛奶哭泣"，是一条西方谚语。它告诉我们一个重要的道理：既然我们不可能改变已经发生的事情，那就尽量去接受它，不用懊悔，不要用十全十美苛求自己。对自己过去的工作感到满意能够提升班主任的幸福感。

做幸福的班主任还需要不断地自我成长。个人成长是每个人一生的命题，不论你是否做班主任，不论你是否关注自我成长。班主任在教书育人的过程中，常常会与那些让人感动的成长事件相遇，可能是一件事，可能是一句话，可能是一次流泪。成长的过程如同李清照《添字采桑子·芭蕉》一词中所写："窗前谁种芭蕉树？阴满中庭，阴满中庭，叶叶心心，舒卷有余情。"芭蕉叶子老去，其实就是我们不停地跟自己的过去告别，看上去无情，其实每一片叶子的成长都曾给自己和别人以阴凉。一直被这句话打动："上帝啊！原来那扇门是虚掩着！"（1968年墨西哥奥运会上美国选手吉海因斯在冲过百米终点线后，看到积分牌上显示出 9.95 秒的时侯，他才知道那些专家所谓的"肌肉极限论"是可以突破的。）有时我们以为自我成长是个神秘的领域，没有人带领我们将寸步难行。其实，那扇门从来没有对谁关闭过。

未来不是我们要去的地方，而是我们要创造的地方！

后　记

　　班主任不仅是班级管理者,也是班级教育者;不仅是学生的教育者,也是家庭教育的指导者;不仅是学生健康成长的引领者,也是学生的精神关怀者;班主任要努力成为中小学生的人生导师。以班级工作的核心任务为立足点,聚焦班主任如何对学生实施心理辅导以及如何维护自身心理健康,是我们团队一直开展的积极探索。我们试图将班主任工作的政策、理论与实践进行有机的整合,为班主任提供具有可操作性的做法与建议。一方面,结合教育政策和理论研究,提供班主任开展心理辅导的依据;另一方面,结合班主任日常教育工作中遇到的真实案例,给出班主任开展心理辅导的建议。这些内容既考虑学术性和科学性,还兼顾实用性和可操作性,努力实现从"管理"到"辅导"的变革,提升班主任专业化水平,助力班主任成为学生的人生导师。

　　为落实立德树人的根本任务,结合全员全程全方位的"三全育人"工作要求和"全员导师制"的实施背景,本书系统阐述班主任如何从思想领导、学业辅导、行为指导、心理疏导、生活引导、生涯向导等方面承担起心理辅导的职责,促进学生在品德、学业、行为、情感、生活、精神等方面的全面发展。

　　本书共包含十一章。第一章界定班主任心理辅导的内涵与外延,明确班主任心理辅导的工作定位、目标任务与基本内容,对其理论价值、政策依据与实践需要进行分析。第二章呈现与班主任工作息息相关的心理辅导经典理论,以帮助班主任了解和认识班级学生的心理需求及发展特点,从而更有效地帮助学生发展积极人格,给予他们全面、平衡的心理支持力量。第三章重点讨论班主任工作中平等、保密与多重关系等辅导伦理,为班主任工作保驾护航。第四章主要讨论如何帮助学生养成良好的学习习惯,激发充足的学习动机以及掌握有效的学习策略。第五章聚焦中小学生常见的多动行为、攻击性行为、网络沉溺等不良行为表现,指导班主任合理应对这些问题行为。第六章重点关注班主任如何帮助学生增进对自己的认识、深化生涯觉察程度,从而引导学生走进社会、观察世界、探索未知。第七章主要关注学生的自卑困扰、学习困难、情绪失控、人际冲突等常见的心理疏导工作。第八章从偶发事件处理、危机情况应对和灾难心理援助三个方面指导班主任帮助学生积极应对危机情况,度过人生中不同程度的危机时刻。第九章从心理主题班会、心理拓展活动、心理专题教育、集体心理活动和班级网络社区心理等方面,对班主任心理辅导进行阐述。第十章从家班沟通、居家指导和家庭心理辅导三个方面讨论了家班合作的内容,以帮助学生更好地解决学习和成长上的困惑及问题。第十一章关注班主任自身的身心健康,讨论在引领学生健康成长的同时,如何做一名幸福的班主任。

本书是上海学校心理健康教育名师工作室王洪明工作室团队成员之间精诚合作、共同努力的结果,具体分工如下:第一章,王洪明;第二章第一、二节,章诚,第三节,杨珊;第三章,金婉娟;第四章,宋美霞;第五章第一、二节,王珏,第三节,马莉莉、王全胜;第六章,秦周青;第七章,朱欢;第八章,周婷婷;第九章第一节,李雪梅,第二、三节,宗利娟,第四、五节,陶春亚;第十章第一节,周婷婷,第二节,马莉莉、王全胜,第三节,李雪梅;第十一章第一节,顾伟伟、张玲,第二、三节,张君。全书由宋美霞、马莉莉修改校对,王洪明审阅定稿。该成果得以出版,感谢上海市教委德育处、上海学生心理健康教育发展中心的上海学校心理健康教育名师工作室项目经费资助,感谢上海市松江区教育局、上海市松江区教育学院的关心支持,感谢华东师范大学出版社教育心理分社社长彭呈军的策划编辑。由于班主任心理辅导仍然处于探索阶段,本书在编著过程中,虽竭尽全力、反复斟酌,仍有不足之处,请各位读者批评指正。

宋美霞

2021 年 9 月 31 日